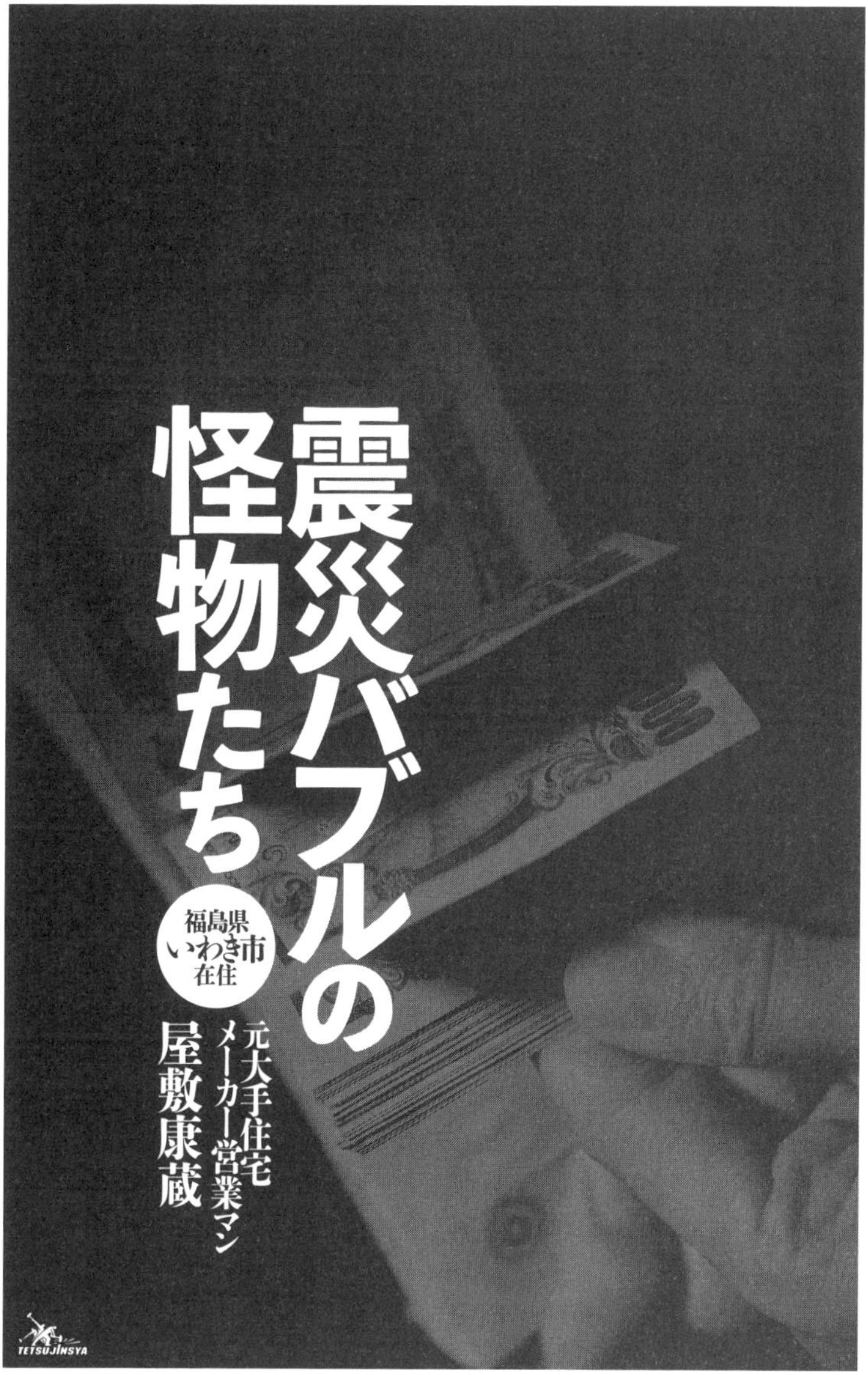

震災バブルの怪物たち

福島県いわき市在住

元大手住宅メーカー営業マン

屋敷康蔵

TETSUJINSYA

まえがき

２０１１年3月11日、突如日本を襲った「東日本大震災」そして原発事故。当時、日本中が大パニックに陥る中、被災地では皆が助け合い復興へ向けてお互いが協力し合う姿がメディアでは写し出された。

この様な事態においても日本の被災地では自分優先の行為に走る事も無く、秩序を守る姿がクローズアップされ全世界も絶賛した。

しかし被災地では報道される美談ばかりではない。復興に向けて人々が立ち上がる時……そこには復興マネーと言われる『大金』が流れ込み、政府が決めた境界線の内側と外側で、大金を手にした者と手にし損なった者を生み出す事となった。

これは復興バブルを背景に、メディアでは報じられない〝金〟と〝欲〟に翻弄された被災地のもう一つの顔である。


東日本大震災後、福島県は復興に伴う建築ラッシュとなった。その背景には国の生活再建支援金や原発事故による東京電力の賠償金があるが、特にここ被災地で問題になっているのが後者の賠償金である。

東電の賠償金の対象者は、原発〜20キロ圏内と20キロ超〜30キロ圏内に住む人たちだけである。この30キロラインからわずかでも外に出れば、賠償金は一切、支払われないことになる。

さらには、原発事故の賠償金が平均的な4人世帯で約6300万円〜1億円超という莫大な金額であることも事態を難しくしている。境界線の内側と外側とで「もらった者」と「もらい損なった者」同士の小競り合いが始まるのだ。


原発事故の境界線に位置するここ「福島県いわき市」では、震災から8年が過ぎ復興が進んで行く過程で、復興マネーの使い方や原発事故の賠償金の格差が被災者の間で軋轢を生み、新たな問題が発生している。

・新興住宅地に並ぶ高級車……

・地価急上昇に伴う住宅事情のバランス崩壊……

・大金を手に入れた者と入れ損なった者との格差と争い……

被災地における金の問題は、タブー視されてメディアではあまり取りあげられる事はないが、被災地では今避けては通れない大変な問題となっている。

原発事故後に政府が決定した境界により大金を手に入れた被災者と入れ損なった被災者が共存する事となった福島県のいわき市。ここではかつて日本が経験した事のない被災者格差と差別が生まれる結果となった。

本書では、被災地における涙と感動とは別の側面の、莫大で上限の無い震災マネーにより、己の貪欲の犠牲者となる有様を包み隠さずお伝えして行きたい。

復興の一端を担う被災地の住宅メーカーに勤務する私にとっては、どちらもお客様であるという立場から、中立な視点で被災地の現在の問題を伝えられればと思う。

目次

家族間で骨肉の争いも。不動産賠償に絡んだ相続問題
賠償金支払い窓口に電話をかけてみると
原発避難者が「なんでいわきの人間が仮設にいるんだ」
億の通帳をチラ付かせる避難者と、10万円の手付けが用意できない被災者
バブル全盛時を凌ぐ、いわき市の地価上昇率
流されて存在しない家屋は東電も補償できない
不動産の買付けはほとんどオークションと同じ
カップルを襲って現金を奪い、女性を集団暴行。原発作業員4人の鬼畜な犯行
楢葉町の自宅は思い切りリゾートっぽくして別荘に
借金がかさむと男は原発作業員に
原発避難者が寿司食って悪いのか！　酒飲んで悪いのか！
政府が行った迷惑なキャンペーン『食べて応援』
家賃高騰によって同棲できないカップルたち
震災で家も仕事も失い小名浜のソープ嬢に。被災者が被災者を買う残酷な「金の流れ」

会社のノルマと顧客の無理な注文の板挟みに。過労死した東北トップの営業マンの地獄
工期の遅れで「精神的損害」賠償を請求してくる
いわき市では「着工」の順番まで金で買える
一面の真実をついている、石原伸晃元環境相の「金目発言」
地権者交渉が済んでいない段階で呼ばれても
浪江町の「賠償金のおかわり」をめぐる騒動
加害者が補償の基準を決めるのはおかしい
事故が起こらなければ補償金は丸儲け、起こってしまうと大赤字
原発推進派から反対派へ。前双葉町長・井戸川克隆氏の転身から見えるもの

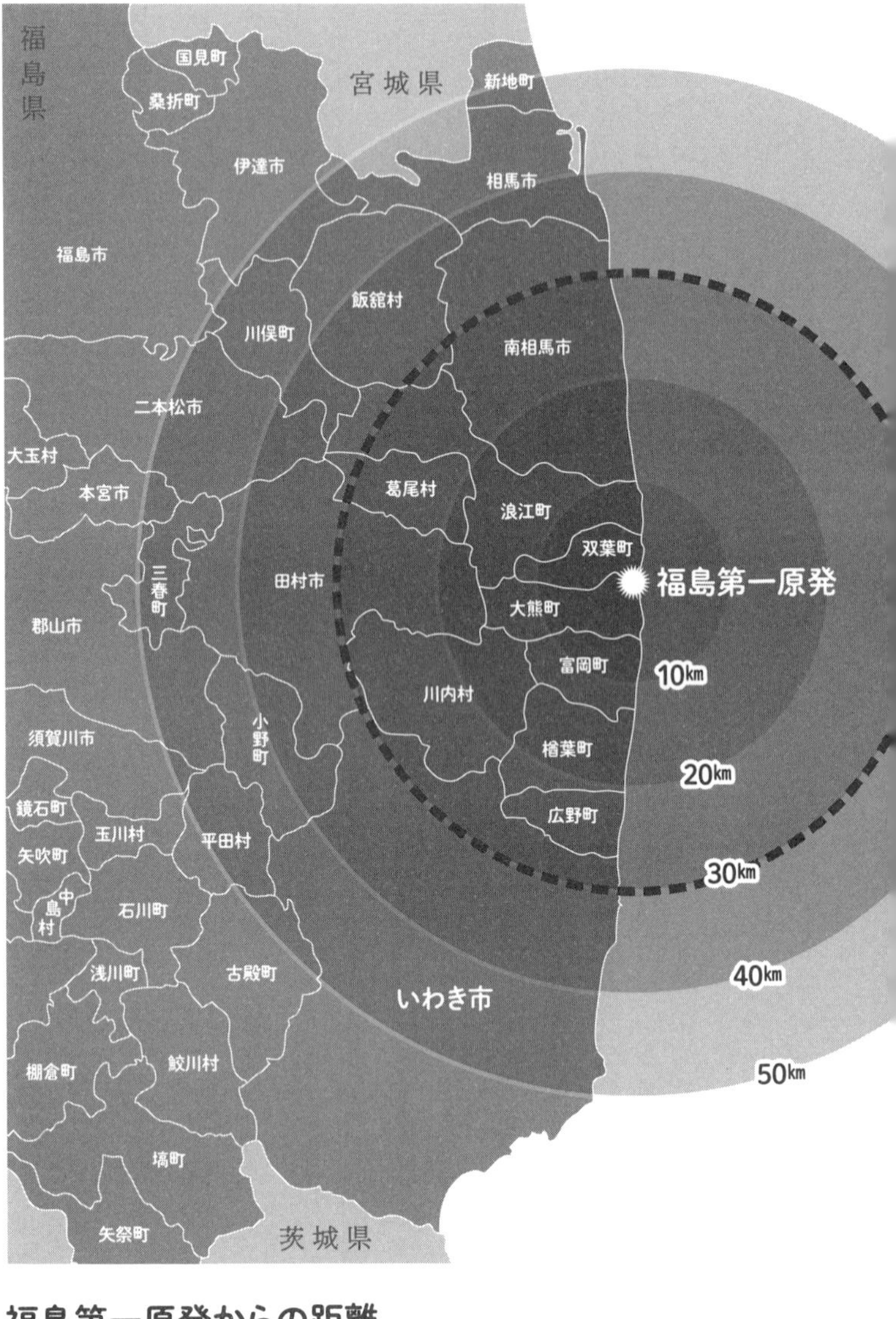

福島第一原発からの距離

政府は震災時、円を描くように各危険エリアを指定した。
後にこの線引きがそっくりそのまま、東京電力の賠償金の支払いラインになっていく。

1——ようこそ東北のハワイへ

福島県浜通り。福島県でも太平洋に面するいわき市とそこから北の相双《そうそう》地区は「浜通り」と呼ばれる（12ページの地図参照）。

ここは今回の東日本大震災で建物の倒壊だけでなく、津波と原発事故による多くの被災者を生み出す事となった。

福島県いわき市は人口34万人の都市で、高度経済成長期まで本州最大の炭鉱「常磐炭鉱《じょうばんたんこう》」のある町としてにぎわった。また、小名浜港など昔から漁業で発展してきた町で、映画「フラガール」の舞台にもなった、スパリゾート・ハワイアンズ（旧常磐ハワイアンセンター）など観光地としても有名である。

東北の中では年間の日照時間が最も長く、夏は内陸より涼しく冬は暖かい。まさしく「東北のハワイ」と呼ばれる所以である。

のちに、この温暖な気候と、何より南北に通じる＝被災地にアクセスしやすい国道6号線が通じていたことが、いわき市の命運を変えていく。

原発事故によって立ち入り禁止となったエリア（原発から30キロ圏内）から避難してきた住民、いわゆる原発避難者が、一時帰宅（政府の許可が出た日に一時的に帰宅できる制度）の際にアクセスしやすい環境もあり、いわき市に移住。結果、多くの被災者を受け入れる事となったのだ。

線量の高い方へ高い方へと追いかける様に避難

2011年3月11日金曜日14時46分18秒、東日本大震災が発生。ここ福島県いわき市では震度6、局地的に震度7の揺れを観測し、多くの家屋が倒壊した。それと同時に「大津波警報」と言う耳慣れないアナウンスが車内のラジオから聞こえてくる。

「大津波警報って何だ？」

当時、会社の車で外回りに出ていた私に、同乗していた同僚の男が尋ねてくる。

「わからん。どうせまたいつもの津波警報と一緒だろ」

いわき市は福島県の「浜通り」と呼ばれているのは、前記した通り。海沿いの町なので今までも津波注意報は幾度となく発生していたが実際に大きな津波などは来たためしがない為、沿岸部に住む人達もその度にいちいち避難する者も少なく、津波に対しての危機意識などはほとんどもっていない。とにかく今目の前の地震の揺れの不安の方が大きかった。

そして、この津波という言葉に聞き慣れてしまっていた事が命取りとなり逃げ遅れた者も多い。いわき市四倉《よつくら》港に隣接する、オーシャンビューの健康センターの大浴場には当日多くの人が温泉に浸かっており、入浴中のお客が丸ごと津波で飲み込まれ多くの死者を出したという。

「おい、家族とは連絡が取れたか」

「まだだ。携帯がつながらん。全員無事ならいいんだが…」

私の知る限り、この時ですら福島第一原発の心配をしている者はほとんど無く、話題にも出てくることも無い。それよりも本当に大津波が来た事自体に市民は驚かされた（後日、津波の映像を見て『大津波警報』の意味を知ることになる）。

震災翌日12日、沿岸部には津波により数え切れない程の溺死体で埋め尽くされ、この世のものとは思えない光景が広がる。さらに、追い打ちをかけるように福島第一原発1号機の水素爆発の知らせを受ける事となった。

〈1号機の原子炉建屋から白い煙が立ち上っています。政府はこれに対して……〉

いわき市民を含めて福島県民の多くが、ここで初めて前代未聞の大変な事態に陥った事に気づく事となる。福島第一原発から3キロ北の所にある双葉《ふたば》町に住む妻の母の家族（以下、義母家族）からも、「原発が爆発した。もう終わりだ」と電話連絡が入った。

「今からチャーターされたバスが来るから、それに乗って町民全員で逃げます。行き先はまだどこかわかりません」

「わかりました。お義母さん気をつけて！　落ち着いたら連絡をください！」

そして、まだ何の情報も無い双葉町民は着の身着のまま北西の方向へと逃げた結果、線量の高い方へ高い方へと追いかける様に避難して行く事になった。

東京・地元のマスコミがいち早く姿を消す

福島第一原発のお膝元にある「双葉町」。妻の実家の義母家族は生まれてからずっとこの町に住み、息子もまた、長年原発関係の仕事をしていたが、原発が爆発するなんて事は信じられない事だったと当時語っている。

しかし事故は起きた。原発から3キロの距離にある双葉町で「ドーン！」という爆発音が響き渡ったこの時、同じく4・5キロの双葉病院では、寝たきりの老人130人が3日間取り残され50人が死亡する事になる（いわゆる双葉病院事件）。

当初、医療関係者が責任放棄し患者を置き去りにしたとの事でバッシングを受けたが、それ自体は誤報であった事が後日明らかにはなった（本書のテーマとは異なるので事件の詳細は割愛する）、さらに3月14日に3号機、翌15日に4号機が水素爆発し、それまで現場取材を行っていた東京・地元のマスコミはいち早く姿を消した。

「逃げたのかな？　このあたりも放射能の危険があるってこと？」

不安な目で妻が言う。

「落ち着け。まだそうと決まったわけじゃない。とにかく今は様子を見よう」

原発から40キロのいわき市民も、この状況はさすがにまずいと、すぐさま避難する者もいれば、政府発表の「（放射能は）ただちに健康に影響を及ぼす数値ではない」とのお言葉を信じ、家の中の換気扇を止めてひっそりと屋内退避指示（なるべく外に出ないようにせよとの指示）に従う者もいる。

この間、マスコミのいなくなったいわき市では、沿岸部の津波の被害状況は一切報道もされない。だからだろう、いわき市内では原発事故により様々な怪情報も流れ、いわきはもう住めない場所になるとも噂された。

「東電社員がニュータウンの家々を一軒一軒まわりすぐにここから避難するようにと言っている」

「東電社員は自分の家族は既にいわき市から避難させている」

「市長はとっくに海外に逃げている」

などと言う、根も葉もない噂も広まり、皆隣の郡山《こおりやま》市や茨城県に蜘蛛の子を散らすように避難する事となる。

いわき市と郡山市を東西に結ぶ国道49号線は、郡山に避難する車で渋滞し、避難先で邪魔になる飼い犬や猫を途中の山路で車から放り出す者も多く、後にこのワンちゃん達は野犬化し問題となるが、生かされただけでも幸いであるかもしれない。

原発近くの家屋では、そんな余裕も無く飼い主も逃げる事で精一杯だった為、後に警戒区域へ一時帰宅で戻ると、首輪に繋がれたまま餓死し白骨化したペットが数多く発見されたと言う。

全ては勿来《なこそ》町でせき止められた

国道6号を通って送られてくるはずの物資も北茨城《きたいばらき》で止まった。タンクローリーを含む多くのドライバーの間では、「いわき市は放射能に汚染されている」などと言う情報が流れると同時に、「いわきには入るな！」と会社から指示される者も数多くいた為だ。

この風評被害により、茨城県の日立《ひたち》やいわき市最南端であり茨城県と福島県の県境でもある、いわき市勿来町でドライバー達は皆、引き返してしまうのである。結果、ガソリンや食料など全てのものの流通が遮断されることになった。

「スーパーに行ってもほとんど何も売ってなかったよ。物資が届かないのを見越して、みんな買い占めてるみたい」

手ぶらで帰ってきた妻がため息を漏らす。

「…そうか。とりあえず、いま冷蔵庫にあるもので何とかするしかないな」

これによりいわき市の生命線は絶たれ、3月13日からは新聞も郵便も届かなくなる。破損した水道管も部品が届かず、復旧のメドも立たない状況で、身内や親戚が県外にいる人や避難先の当てがある人達は避難したが、そのような当てもなく物資も水道も止まったままのいわき市に取り残された人達もたくさんいた。

いわき市最南端の勿来町。「来ること勿れ」と皮肉にも読んで字の如く、全ては勿来町でせき止められ、陸の孤島と化したのである。震災当初、テレビでは仙台の津波被害は頻繁に報道されていたのに対し、相変わらずいわきの津波被害や窮状については一切報道されない。
〈仙台の被害状況は…〉
〈陸前高田《りくぜんたかた》の津波では…〉
〈岩手県では…〉

マスコミやメディアの人間すら、この地に足を踏み入れる事に恐怖し、一時期日本の地図から消された報道の空白地帯となった。

その間もいわき市の沿岸部で壊滅的な津波被害を受けた薄磯《うすいそ》・豊間《とよま》地区からは溺死体が続々と上がり、まさにこの世の地獄絵図。そして身元の分からない遺体は市民プール・体育館へと続々と並べられていった。

この薄磯地区は8メートルを超える大津波が何度も押し寄せ壊滅的な被害を受けた所であり、その死亡率は地区人口の16％～18％と言われ（2017年7月時点で死亡者数115名、いわき市調べによる）、いわき市全体の犠牲者の1／3を占めている。報道されない場所ではあったものの、実は東日本最大級の津波被災地でもあるのだ。

沿岸部は津波で崩壊し、横転した車や瓦礫と死体だらけ

震災当初、いわき市長が「いわきは大丈夫、安全だ、遊びにおいで」という観光を促す必死の訴えを行っていたことをご記憶だろうか。原発事故による風評被害を払拭するべく、地元の行政は努力をしていたのだ。

そのおかげ、というわけでは全くないが、いわき市はうまい具合に「避難区域」(政府により強制的に立ち入り禁止になった区域)から外され「自主避難区域」というなんとも中途半端な割に合わない分類をされたものだから住民の不安はつのるばかりである。

「自主避難って、要は自分で逃げた方がいいのか判断しろってことだよね? これじゃ逃げた方がいいのか、留まっていいのかわからないよ」

妻の言葉に私はこう返すしかない。

「…そうだな。政府も無責任だよな」

白黒はっきりしない、逃げた方がいいのか、ここにいていいものなのか?「全ての判断は個人の責任で」という、言い換えれば「自己責任区域」である。しかも推奨されるのが

屋内退避だというのだから恐怖は増すばかりだ。

「屋内退避ってことは、やっぱり放射性物質は空気中に飛んでるんだよね？　なるべく外に出ない方がいいんだよね？」

「俺たちはともかく、子供たちはなるべく家にいさせるようにしよう」

実際、この時期のいわき市内は人っ子一人外に出ている者はおらず駅前も閑散とし、沿岸部は津波で崩壊し、横転した車や瓦礫と死体だらけで何と表現したら良いか、まるで漫画「北斗の拳」の世界観を彷彿させる様な、退廃的な光景であった。

ちょうどあの頃、テレビでしつこく放送されていたＡＣのＣＭで、「遊ぼうって言うと、遊ぼうって言う」の金子みすゞさんの詩のＢＧＭで流れていた物悲しいピアノの曲が妙にマッチしていた記憶がよみがえるそんな場所であった。やや分かりづらい例えだが、当時、いわき市内で被災した人ならピンと来るのではなかろうか。

避難所の共同生活はプライベートが皆無

「直ちに人体や健康に影響を及ぼす数値ではない」と言うのはすなわち、数年先はどうなるかわからないと言う事。いくらノンビリしている東北人の私たちでも、この言葉を聞いて「いやいやよかったなー！　直ちに影響は無いんだってよ」などと素直に喜んでいられる訳もない。

避難するかしないかは自分の判断とはいえ、自力で動けない高齢者や、物資不足でスタンドも営業していなければガソリンも無い人々に逃げる手段もないのである。

震災直後を思い返すと、たまに開店するガソリンスタンドは長蛇の列で、一人１０００円、２０００円までと給油制限もあり、散々待たされた挙句スタンド自体がガソリン切れとなる状況。次の開店までその場所に車を放置して帰る者も多く、そんな車を狙った車上荒らしやガソリン泥棒の被害に合うことも多かった。

「俺はどんなことがあってもここ地元のいわきに残る！　逃げたいやつは逃げればいい！」と、カッコイイことを言ってた者も、実はただ燃料が無かっただけで、ガソリンが手に入ると一目散に県外へ脱出。そんな折り、妻の元へ義母から連絡が入った。

「お母さん、避難所に入ったんだって」

避難所というのは、いわき市内の公民館や小学校の体育館に臨時で設置された、被災者の受け入れ施設である。主に原発から30キロ圏内の避難区域から逃げて来た人たちを収容するもので、いわき市民は基本、利用できない。

水、食料、衣料などの支援物資が届く上、簡易トイレや風呂も設置されているので、最低限の生活を送ることは可能だという。

「そうか。俺たちに比べたらずいぶん良いんだな」

当時の私たちは食料はおろか、水もほとんどない状況。食べる量と飲む量を減らしてどうにかしのいでいたが、それもいつ尽きるかわからない恐怖があった。

「ただ、プライベートがなくて大変みたいよ」

避難所は大部屋での共同生活であり、段ボールなどで各家の仕切りを作るだけの為、プライベートは皆無らしい。おまけに床の上のザコ寝生活は体も冷え、節々が痛くなるようで、老人にはかなりこたえるとの話であった。

貴重な水をトイレに使うことはできず……

ここで避難所について補足しよう。

各地から送られてくる支援物資と言うのは指定の避難所には供給されるが、当然屋内退避の各家庭に配られることはない。そこで避難所に山積みにされている物資をもらいに行っても妙な管理下にあり、簡単にもらう事は出来ないのだ。

そしてスーパーは何一つ置いていない状況である。私自身、水は、浄水場の近くに並んでとりあえずの飲料水を確保することは出来たが、貴重な水をトイレに使うことはなかなか出来る事ではない。つまりはそういうことだ。

「……お父さん、お腹すいたね」

「……そうだな。腹減ったな」

小学生の長女の呟きに、胸が締め付けられる。

「お風呂はいつ入れるんだろうね」

「ガスと水道が元に戻らないとな」

しばらくすると、中学生の長男が言う。

「お父さん、トイレどうすりゃいいの」

「そこらでやってきてもらえるか。悪いな」

実際、震災直後に一番苦しい思いをさせられたのは、取り残されたいわき市民なのではなかろうか。避難指示も無く、物資も断絶された状態で「逃げたい人は勝手にして下さい。あくまで自主的に」という自主避難区域。何から何まで中途半端な立場におかれたのであるからたまったものではない。

そんな時、避難区域から逃げて来た義母家族から電話が入る。「避難所を出て、今は温泉にいる。快適であるから心配ないから…」と。何でも、避難所の生活は何かと気苦労が絶えないので、自腹で旅館に泊ることにしたという。

ちなみに震災から数ヶ月後には、避難で旅館やホテルにかかった費用などは、避難者、自主避難者も含め、領収書添付で東電に請求することが可能となった。計らずも義母は、タダで旅館に泊ることになったのである。

「避難区域」と「自主避難区域」の扱いの違い

3・11のちょうど1ヶ月後の4月11日17時16分、二度目の大きな地震が浜通りを襲った。4・11の地震は、最大震度6弱で3・11で傾いた家屋にとどめを刺すように大きな被害を与えた。

実は、東日本大震災の時は何とか持ちこたえられたのだが、この4月11日の地震で多くの家屋が倒壊してしまった。さらに、この地震はまだ完全ではないライフラインにも影響を与えてしまう事になる。

一度辛い経験をしているいわき市民は前回の学習効果で、地震が収まるやいなやすぐに風呂やペットボトルなどに貯水し、有事に備えることとなる（実際、開通したばかりの水道が再度、止まってしまう）。我が家も風呂いっぱいに飲み水を確保することができた。

しかしたまたまこの時、避難先から双葉町の原発避難者である義母家族がいわき市にある私の自宅に泊まりに来ていたのである。

あたりを見渡せば、義母の姿がない。どこに行ったのかと家の中を探したら……いた。風呂場には、大切な風呂の水を沸かし、ジャバジャバと音を立てながら、鼻歌交じりに入浴している義母がいるではないか！

「お義母さん！　それ飲み水ですよ！」

「え!?」

キョトンとする義母に、呆然とする私。考えてみれば無理もない事である。

震災時に義母らは、すぐに手配されたバスに乗って避難所から温泉街に避難した為、水の無い生活の経験もないのだから、ピンとこないのである。ただこの時、同じ被災者として温度差を感じたのも正直なところである。

★

後のいわき市民と原発避難者との軋轢は、賠償金を巡る事から始まった訳ではなく、原発事故直後の避難区域と自主避難区域との扱いの違いからすでに始まっていたのかもしれない。地元のいわき市民よりも、避難区域の人たちの方が恵まれていたとしたら、中には快く思わない人もいたのではなかろうか。

もちろん、いわき市民でも県外に脱出した人もいたが、いわきの風評被害が一番ひどい時は県外に行くと、汚染された車両を恐れての事か「いわきナンバーお断り」の貼り紙を目にすることもあった。完全な被災者差別であり、泣きたくなるほど悲しい気持ちになったことも一度や二度ではない。

対して、避難区域の人たちは、逃げて来たいわき市において、そのような差別を受けることはなかったことだろう。なぜなら、いわき市民自体が風評被害による差別を感じているぶん、同じ境遇である避難区域の人たちを差別するとは考えにくいからだ。同じ被災者でも、いわき市民と、避難区域の方々は、根本的に違うのである。

後の軋轢の根っこがここにある。

政府が「立ち入り禁止エリア」を丸い線で区切った理由は…

政府が震災直後、立ち入り禁止エリア（避難指示区域）と、そうでない場所（自主避難区域）に分けたのは、すでに記したとおりである。私たちいわき市民はそれによって動くに動けない状態になった

しかし、震災後しばらくすると、住民の間に疑問の声が上がってきたのである。それは次のようなものであった。

〈政府が決めた、日本地図に描かれたあの丸い境界線は、本当に科学的な根拠に基づいた線引きだったのであろうか？〉

政府は震災当時、丸い円を描くようにして立ち入り禁止エリアを設定していく（12ページ地図参照）。具体的には、

▼避難指示区域（立ち入り禁止エリア）

原発〜20キロ圏内

原発20キロ超～30キロ圏内

原発30キロ超～

▼自主避難区域（**立ち入りは自由なエリア**）

となるのだが、その後、ＳＰＥＥＤＩ（緊急時迅速放射能影響予測ネットワークシステム）によるデータ解析の結果によって次のような事実が判明するのだ。

〈放射性物質は風に乗って北西方面へ飛んでいる〉

つまり、原発付近もさることながら、北西方面も被爆の危険が出て来たのである。そうでなくても、風によって放射性物質があちこちに飛散しているのなら、綺麗な丸い円で「危険エリア」を区切ること自体が不自然だ。そこで、

〈政府や東電としても、立ち入り禁止エリアの区切りが後に原発事故賠償基準に直結することを考慮した場合、大勢の人間を補償の対象としてしまう事は出来なかった理由による政治的線引きだったのであろうか〉

という見立てが出てきたのだ。

通行制限中
この先
帰還困難区域につき
通行止め
原子力災害現地対策本部
双葉町

帰宅困難区域の双葉町はバリケードで浸入禁止

富岡町の東京電力「エネルギー館」はすでに看板が外されている
（2018年11月30日「廃炉資料館」に変わった）

この政府が引いた丸い境界線が、後にそっくりそのまま賠償金の支払い基準（30キロライン の内側のみ賠償の対象となる）になったのは先に記した。仮にこの境界線の範囲が広がれば、それに比例して賠償金も増えることになる。

賠償金が増え過ぎた場合、東京電力は深刻な経営危機に陥った挙句に倒産し、日本経済にも大打撃を与えることになりかねない。政府としては、この最悪のシナリオを避ける為、賠償金を抑えるギリギリのところで線を引いたというのだが……。

★

この住民の見方が正しいかどうかは私にはわからない。あの丸い線引きは、単に現在のチェルノブイリの立ち入り禁止区域が30キロなので、それを政府が流用しただけだという説もある。

ただ、間違いなく言えることは、決して人体への影響を考慮したものではなく、何らかの意図があって引かれた線であることだ。賠償金を「もらい損ねた」いわき市民としては、やはり後の金の流れを抑える為の線引きであるとしか考えられないのかもしれない。

2トントラック一杯に支援物資を届けてくれたエガちゃん

最後に良い話を。

いわき市の復興伝説の一つに、風評被害によって物資が滞る中、メディアすら近寄らないこの地に密かに支援物資を運んで来てくれた有名人がいた話がある。その人はエガちゃんこと江頭2:50である。

いわき市民の間では有名な話であるが、本人が、普段のキャラとのギャップに折り合いがつかないようで、あまり公にはなっていない。

本人も帽子とサングラスで変装し、こっそり支援物資を置いてこっそり帰る予定だったところ、目撃情報がツイッターで拡散して発覚。うっかり男を上げてしまった格好である。

彼は、風評被害により物資が滞り取り残された、いわき市民が一番苦しんでいる時に2トントラック一杯に支援物資をいち早く届けてくれた。後にDVDの発売イベントで公衆の面前で全裸となり、公然わいせつで書類送検されようと、我々いわき市民は、あの日の事を忘れる事はないであろう。

そして、一時期は風評被害により、ゴーストタウン化したいわき市であるが、原発事故の時、運良く浜風の風向きの影響もあり実際には放射線量も少なかった事が判明すると、多くの被災者がいわき市に戻り、復興に向けてのスピードもみるみるうちに進んで行ったのだった。

次からの項目では、その辺りのことを中心に書いていくとしよう。

2——家屋破壊で大儲け

ブルーシートを屋根にかけるだけで30万円！

震災後、1ヶ月もすると関東始め全国に避難していた人達もいわきに戻り、津波エリア以外はライフラインも正常化する事により商業施設、企業もいち早く正常な状態に戻ることになる。私自身、住宅メーカーで仕事をしている為、この急激ないわきの人の動きは敏感に感じ取る事が出来た。

5月になると動きの早いいわき市民は、震災で被災した家屋の建て替えを考え始めるようになる。同じく、原発事故で故郷に戻る事も出来なくなり、いわき市に移住することになった原発避難者が新築の為に土地を探したり、住宅展示場を訪れるようになった（117ページ参照）。

そんな、いわき市に少しづつ人が戻り始めた頃、震災の応急処置として、まずはどこの家も屋根の補修工事が必要とされた。建物は倒壊を免れたとしても、屋根瓦は崩れ落ちている家がほとんどで、とりあえず生活するにしても、まずは雨漏りを何とかしなくてはならない。

補修工事と言っても、ただ屋根の上に青いブルーシートをかぶせて固定するだけの作業である。それだけでも、とりあえずの雨はしのぐ事が出来る。

しかしまだこの時期、屋根業者がいないのである。工務店に電話をしても、半年待ち1年待ちがザラ。簡単な補修とはいえ、素人や年寄りが屋根に登って作業するには危険であった。

そこで登場したのが、もぐりのにわか屋根業者である。県外の暇な工務店が、金になるとばかりに被災地を訪れ、流しで仕事を請負い始めたのだ。

いわき市の住宅街では、この怪しい屋根業者が軽トラに乗り、「屋根補修します」と、スピーカーで大声を出している姿が数多く見受けられた。

「すいません。うちの屋根も修理してもらっていいかしら」

「わかりました。ちょっとお待ちください」

補修と言っても、ただ屋根に乗ってブルーシートをかけるだけの、本当の応急処置程度の仕事で、30万も取る業者も現れる。それでもとりあえず雨をしのぐ事が出来る被災者は多く、当時は足元を見た悪徳商売が横行していた。

これは、国民生活センターからも注意が呼びかけられる程、大騒ぎになる。中には、悪徳業者に高額な料金を払うのがバカらしいと、自力で直すことを検討した被災者もいた。

しかしこの時期、いわき市のホームセンターはブルーシートがどこへ行っても売り切れの状態。結局、被災者は業者に頼るしかなく、再三の注意喚起にも拘わらず一向にその姿が減る様子はなかった。

「生活再建支援金」受給の為、自分で自分の家を破壊し始める者も

震災から2ヵ月、原発の賠償金がまだ明確になっていない頃、まず最初に、復興のさきがけとなったのは震災による国の「生活再建支援金」である。この制度は被災地全てが対象となっており、家が壊れた人間なら誰でも補助を受けることができる。

受給の流れとしては、損害を受けた家屋の状態を「一部損壊・半壊・大規模半壊・全壊」と被災状況により分類し、損壊家屋の状況に応じて罹災証明書が発行される仕組みである。さらにこの罹災証明書に応じて支援金が支払われる。

普通で考えれば損害は少ない方が良いに決まってる。しかしこの罹災証明の判定により被災者の受ける恩恵が大きく変わってくるのである。

①一部損壊……0円
②半壊以上でやむをえず建物解体(※)……100万円
③大規模半壊……50万円
④全壊……100万円

あくまでいわき市における給付金額で市町村によって違う。また、解体費用は半壊以上であれば行政解体で無料。

※やむをえず解体とあるが、この「やむをえず」という含みのある表現を役所に確認してもあまり深い意味は無いようで「ん〜まぁ、建替えるために解体するのなら全て該当するということですね」との回答

こうなると被災者も必死である。このお金を資金の一部として、住宅の建て替えが始まるのだ。大金がもらえるかどうかは役所の判定次第で、一部損壊ではクソの役にも立たない。

罹災証明は役所の人間が損害家屋に赴き、家屋の状態を見て判定する。ある程度点数化されていて判定基準はあるが、所詮調査員も役所の人間、家屋の調査は素人同然の為、実

際担当により当たり外れがあるのだ。

しかし、被災者にとっては死活問題である。

簡単に「一部損壊」です。残念でしたではすまない話である。判定に不服で再調査を依頼する者や、どうせ解体して建替えするのだからと、自分で自分の家を破壊し始める者まで出てくる始末。

中には「隣の家は全壊なのに、何でうちは一部損壊なんだ！　遊びじゃねーんだコノヤロー！　もう一度別の奴に見に来させろ！」と騒ぎたてる者もいる。なぜか再調査では「では半壊で」と再判定を下される事も多く、ある意味騒いだ者勝ちの制度でもある。

驚くべきことにこの制度、賃貸物件に住んでいる人たちも家主がアパートの罹災証明を取得していれば、住民にそれぞれ生活再建支援金が支給されるのである。仮に8部屋の物件だとしたら、各部屋の世帯主に100万円ずつで合計800万円だ。

そして「半壊」以上の判定が出れば「おめでとうございます！」と言わんばかりに皆、大喜びである。かくして被災地には〝やむをえず解体〟しなければならない建物が増えていく。

「加算支援金」パクリの手口。新築物件を建てることにし、後から解約すれば

お金がからめば世の中それを悪用する者が必ず現れる。実は前述の生活再建支援金には次のステージがあった。最初の生活再建支援金をもらった者のみが、新築の建物を建てた時に、加算支援金として更に200万円がもらえる仕組みなのだ。更に、この加算支援金をもらった者だけ浄化槽の補助金も約30万~40万もらう事が出来る。

生活再建支援金の加算支援金をもらえるのは、厳密に言うと実際に「建てた」ではなく住宅メーカーと「契約」した者である。住宅メーカーとの請負契約書のコピーを役所に提出すれば200万円確定。つまり、ひとまず新築物件を建てることにし、後から解約すれば、手元に200万円が残ることになるのだ。

実際、悪意は無く住宅の契約をしたいわき市のお客様で、この加算支援金をもらって実家の土地で新築計画を進めようとしたが、市街化調整区域（都市計画法により、宅地造成などの開発は原則として制限される区域）ということもあり建築における諸条件を満たすことができず、結果解約となってしまった方がいた。

真面目なお客様で、最初は「建てなくなっちゃったんだからこのお金返さないといけませんよね…」とソワソワしていたものの現実問題、建主が本当に建築したか否かを申請件数39万４０００件（平成23年12月時点の福島県の罹災証明申請件数）を役所が一軒、一軒調査できるはずもなく結局そのままもらいっぱなし。

場合によっては、はなから新築する予定もなく住宅の契約を取り交わし、加算支援金を手にする事も可能なのだ。被災者の場合、印紙税もかからない為、契約書に印紙を貼る必要もなく、コピーでいいのだから簡単なものである。

「先日、契約を結んだ家ですけど、事情があって建てることができなくなったので、解約させてください」

お客様から解約の依頼があったら、住宅メーカーの人間は言うだろう。

「違約金が発生しますけど、構いませんか？」

「結構です」

仮に、請負契約を解約しても建築の着工前であれば、解約の違約金が基本設計料の10万円程度のペナルティーで済む住宅メーカーもある。加算支援金で２００万円もらえれば、差引で考えても全然お得な話であるのは間違いない。

ここで一番の問題はやはり、被災地の場合、損壊家屋の件数と申請の数が半端ではない為、追跡調査が行われていない事であった。また、被災者にとっての、そういう㊙お得情報や抜け道は、住宅メーカーの人間もお客様に智恵を付けるし、被災者の間にあっという間に広がるのだ。

『災害復興住宅融資』の審査は甘々

前述の「罹災証明」の判定によって住宅再建において大きく影響のあるものがもう一つある。それは金融機関の融資である。多くの被災者が、特に原発事故の賠償金の無いいわき市民は罹災の判定で数百万円もらったところで家一軒建てるには足りない金額である。

こうなると、やはり足りない分は融資を使わざるをえない。この東日本大震災によって、住宅金融支援機構（旧住宅金融公庫）は復興を目的とした融資として、「災害復興住宅融資」という融資枠を新たに設けた。

住宅金融支援機構と言うと、長期固定金利のフラット35で有名であるが、この融資はさらに素晴らしいもので、利用できる条件としては、建物が損壊家屋の罹災証明で「半壊」

以上が出ている人と、原子力災害で避難している事である（融資申込ベースで、避難解除となった時点で利用不可）。

ちなみに、住宅金融支援機構のフラット35だと、35年の固定金利で2％前後。これに対して、災害復興住宅融資は

▼初年度から5年間無利息の0％
▼6年目から10年目までが0・10％
▼11年目から35年の最終までが0・63％（平成31年1月現在）

と破格の低金利を利用できるのである。民間の銀行のような保証料も無ければ、フラット35の様な高額な融資手数料も無い長期の固定金利である。

審査も復興を目的とした融資の為か、甘々で、通常赤字申告の自営業者などは審査の基準も満たさないのに、連帯保証人次第で通ってしまう事もあるのだ。

「簡単ですよね。ただ、それもこれも役所の判定で『半壊』以上が出ていればこそ。逆にいえば、同じ被災者でも、判定で『一部損壊』になってしまうと、お金も借りられず、住

宅再建もままならないことになってしまう。これは辛いと思いますよ」（いわき市の住宅メーカー社員）

とにかく、いわき市の被災者達は『半壊』『大規模半壊』『全壊』という〝勲章〟を取ることに必死になったのである。

「高速が無料で使えるよ」。ヤフオクに『被災証明』が出品されていた！

余談だが、被災地には「罹災証明」と「被災証明」の2種類がある。この2つは全くの別物で、罹災証明はご説明した通り市町村が家屋を調査して、その判定に基づき家屋に対して発行する証明書。

もう一つの被災証明とは被災した事実を、人に対して発行する証明書。罹災証明は第三者の判定に基づき発行されるものであるが、被災証明は被災地に住んでる人であれば、役所に行けば誰でももらえる証明書である。

原発事故から1年間くらいはこの被災証明を持ち歩くことで高速道路は（東北自動車道は白河《しらかわ》以北、常磐自動車道は水戸《みと》以北を）無料で利用が可能であった。高速の料金所で証明書を提示すれば、そのまま車を通してくれたのである。

この被災証明も悪用の対象となったのは例外ではなく、いわき市発行の被災証明が「高速が無料で使えるよ」と、ヤフーオークションで5000円で出品されていたのは有名な話である。被災証明は紙切れ一枚で、顔写真なども添付されていないため、被災者本人でなくとも利用できたからだ。

★

震災直後の「がんばっぺいわき！」の精神は何処へやら……2011年の流行語大賞候補にもなった「絆」は「歪」へと形を変えていくのにそう時間はかからなかった。

振り返れば、震災直後の我々は、被災者

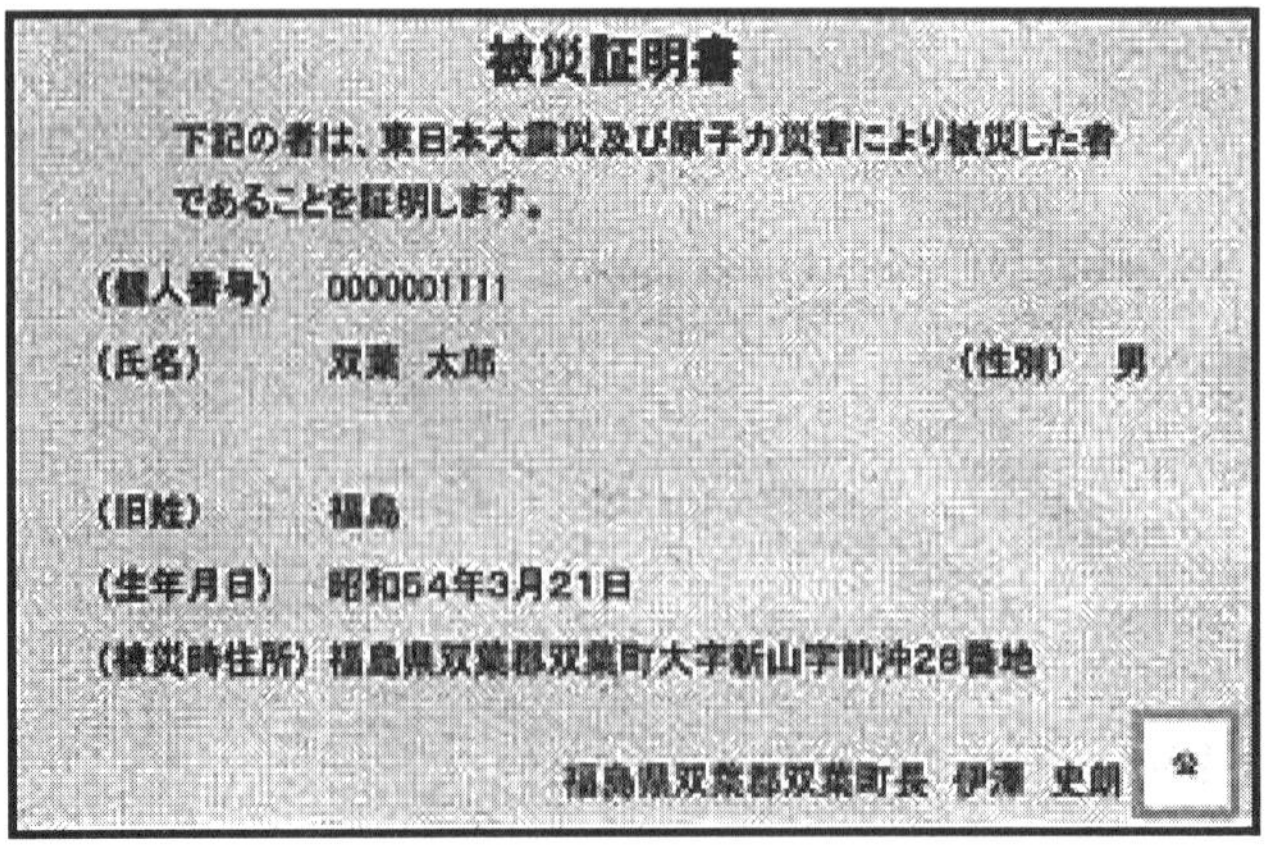

被災証明書

下記の者は、東日本大震災及び原子力災害により被災した者であることを証明します。

(個人番号) 0000001111

(氏名) 双葉 太郎 (性別) 男

(旧姓) 福島

(生年月日) 昭和54年3月21日

(被災時住所) 福島県双葉郡双葉町大字新山字前沖28番地

福島県双葉郡双葉町長 伊澤 史朗 公

被災証明はのちにカード化された（双葉町のHPより）

同士助け合い、困った人にも手を差し伸べていた。復興という一つの大きな目標に向かって、いわき市民が一つになった時期は確実にあったのだ。

ところが国からの生活再建支援金が入るようになると、誰も彼もが金を得ようと目の色を変え、そのためには手段を選ばなくなってしまった。被災地の家屋判定をしているところでは、道端で「半壊出せ！　コノヤロー」と判定員が、胸ぐらをつかまれている場面も頻繁に目にするのは先に記した通りだ。

被災地に流れてくる莫大な「金」は現地の人々の心を荒廃させるスピードを更に加速させて行く事となっていった。

3　東電社員、秘密のお買物

原発事故の加害者・東電社員も賠償金の対象に

東京電力の原発補償金が具体的になってきた頃、いわき市より北部に位置する相双地区から原発避難者の動きが活発になってくる。

相双地区は、原発から20キロ圏内、20キロ超〜30キロ圏内の立入りを厳しく制限する「警戒区域」「避難指示区域」に指定されている、双葉《ふたば》・大熊《おおくま》・富岡《とみおか》・浪江《なみえ》など、原子力災害の被害を受けた立入禁止の地域である（12ページ参照）。

長期にわたり戻れる見込みはこの時点では絶望的で、当然のことながら新たに住む土地を探さなくてはならなかった。また、一時帰宅の利便性を考えると警戒区域に隣接していて温暖で放射線量も低いいわき市が、居住環境としては絶好の場所であった。

「ここには東京電力の社員やその下請けの企業の社員も多いんです。彼らは同じ原発避難者ではあるけど、東電社員は加害者であり、一般の住民は被害者です。当然、被害者の住民は東電社員に対して根深い被害者感情を持っていますし、東電社員は彼らに対して罪悪感がある。その両者が同じようにいわき市に移住をするんだから、事情は複雑になりま

す」（いわき市の住宅メーカー社員）

原子力災害の補償金が出るとは言っても、当初はお金が入る時期や補償内容がなかなか具体的にならずまた、被災地に残してきた住宅ローンの問題（新たに家を買うと二重ローンになる）もあり、多くの原発避難者がまだ新しい生活に踏み出せないでいた頃、いち早く動き出したのが東電社員である。

もちろん事故の加害者でもあり、被害者でもあった東京電力の社員も賠償金の対象となっており、社員だけにその具体的な情報も早く入手していたようであった。前出・住宅メーカー社員が続ける。

「震災後すぐの頃かな、東京電力の社員の方がお客として来たので、お金はどうするのかと聞いてみたんですよ。すると、賠償金が出ることが社内的にわかっている、みたいなことを言ってたんですね。当時、純粋な被害者の人たちはまだ賠償金が出るのかも、いくらになるのかも知らされていない時期です。つまり彼らは、避難者がまだ動けないうちに内々の情報を得て動き出したことになる。これがいいのか悪いのかは私にはわかりませんけど、正直、いい気持ちはしませんでしたね」

加害者と被害者がご近所様になってしまう

東電社員は基本、高収入の世帯が多い為、土地購入資金くらいは賠償金が入る前に工面できる方も多い。原発エリアの被災者が、被災地に残してきた住宅ローンが足かせとなり住宅計画を進められない中、東電社員は原発エリアに残してきた住宅のローンが残っていても、低金利の「東電社内融資」を使っている人も多く、5年間無利息の災害復興住宅融資を併用する事により、とりあえずの二重ローンの返済は可能となる。

「そう考えると、原発の賠償金が出るから家を買いに来たわけではないのかもしれません。避難区域にある自宅に戻れない以上、早くいわき市に移住したいと考えただけの人も多いでしょう。ただ、それでもやはり原発エリアの被害者がまだ動いていないうちに、加害者が動くというのはどうなのか。少なくとも被害者の人たちに対する配慮があったとは言い難い」（前出・住宅メーカー社員）

ただし、東電社員の多くはニュータウンと呼ばれる新興住宅街はあまり好まない傾向にある。詳細は後述するが、ニュータウンには後に原発避難者の購入希望者が殺到することとなり、彼らが移住をすれば加害者と被害者が近所同士になってしまうからだ。

両隣り、原発避難者に挟まれる事にでもなったら近所付き合いも気まずくなるからか、住宅地から微妙に離れた場所や団地でもかなり古い場所を探してくる事も少なくない。前出・住宅メーカー社員の男性がさらに続ける。

「皆さんもご記憶かと思いますけど、このころの東電社員というのは社会的な信用はかなり落ちていました。世間的には東電が倒産するかしないか、と言われてましたからね。ただ、融資を申し込むと、新築であれ中古物件であれ、すんなり通ることになります。どこに何の物件を買おうと彼らは自由だったんですね」

金融機関から見れば、お客様は腐っても天下の東京電力社員、銀行にとって審査属性の良い上客である東電社員は、融資承認もすんなり出してくれるわけである。

今後、補償が決まったら、ここいわき市に多くの人が移住して来る事になり、その土地不足と地価の上昇をまるで予測していたかの様に、いわきの土地をいち早く買い始めた。

結果的に、いわき市は後に地価が高騰して土地不足となる事となり、東電社員含め資金に余力がある、早々と値が上がる前に土地購入を決断した人たちが優良な物件を手にすることができたのだ。

いわき市に家を買うと賠償金が打ち切られる⁉

ただ、東電社員は、いわき市で土地や建物を購入するにあたり後ろめたさがあるのか、不動産屋や住宅メーカーでも勤務先はなかなか名乗りたがらず、着工時の建築看板にも建築主の名前を伏せて欲しいというのがほとんどである。

また、会社にバレると補償金の支給が打ち切りになるという噂が社員間で流れているとの事で、対外的にだけでなく東電社員間同士でも内緒にしている様子である。前出・住宅メーカー社員がさらに続ける。

「これも私の住宅メーカーに来た東電社員のお客様が言っていたことですね。打ち切りの理由はよくわかりません。冷静に考えれば、東電社員でも家を建てる自由はあるはずだし、それによって賠償金が支払われないのはおかしいと思うんですが、なぜそうなってしまうのか。何か東電なりの事情があるんでしょうかね」

後に東電社員の補償金返還請求が現実となるが（註1）、当初からかなりビクビクしながらの㊙新築計画である。建築看板だけでなく、通常住宅メーカーの入り口には当日来場予定でアポイントのあるお客様の名前をボードに記載してお出迎えするのが礼儀であるが、これも禁止。

東電社員は、住宅メーカーに入る時は入り口で周りに知り合いがいないかキョロキョロと注意を払い、忍者の様にスッと入ってくる。原発避難者と商談テーブルがたまたま隣り合わせなどなったものならこれまた最悪である。

『この建物ですが……』

『ええ、はい…』

東電社員の家族が小声で新築の打ち合わせをしている商談テーブルの横で、となりの商談テーブルでは、原発避難者家族が「東電の野郎、絶対許さねー！」と声を荒げて打ち合わせをしているのだから目も当てられない光景である。

東電社員に融資を進める際に気を付けなくてはならない事が一つある。それは、数ある金融機関の中でも「労働金庫」を窓口として使う事は出来ない点だ。

会社に労働組合がある場合、労働金庫を窓口にすると会社の労働組合に融資申込みの連絡が行き新築計画の動きが会社にバレてしまうからである。東電にももちろん、組合員3

万2000人規模の「東電労組」がある。
「結局、東電社員もお金が欲しいんですよ。自分が加害者だという立場は百も承知なんだろうけど、なにせ数千万から億の金ですからね。もらえるかもらえないかで人生は大きく変わってきます。正直、他人の目なんて気にしている場合じゃないんだと思いますよ」（前出・いわき市の住宅メーカー社員）
加害者でもある社員ですら、会社から金を引き出すのに必死なのだから、生粋の被災者が血眼になって賠償請求するのも当然と言えば当然かもしれない。

（註1）………2014年1月4日付け『毎日新聞』（朝刊）によれば、東京電力が社員に支払ったひとりあたり数百万円から千数百万円の賠償金を事実上返還するよう求めているという

テレビではボーナスカットと報道されていたが……

住宅メーカーの社員は、仕事柄、お客様の所得証明書を見る機会の多い立場ではある

が、東電社員の融資申込み時も例外ではない。家を建てる際、金融機関のローンを組むためには、本人の所得がどれだけあるか明記された源泉徴収票が必要となるのだ。

震災当時、ある東電の社員が新築のためにローンを組むことになった。提出するのは、震災前年度（２０１０年）の源泉徴収で当然、１０００万円超の年収はある。これだけの収入ならローンはすんなり通ると思いきや、浮かない顔で言うのである。

『今年からボーナスは無くなりますから……』

当時、東京電力は倒産するか否かの瀬戸際で、社会的な責任もあり、全社員の給料カットを明言していた。この様子だと、よほどの収入ダウンなのだろうと、内心、ちょっと気の毒な感じがしたものだ。

結局、審査は通り、融資はＯＫ。私は無事、契約にこぎ着ける。

しかし、震災の建築ラッシュもあり、着工は遅れに遅れ、翌年に工期が延びることになった。と同時に融資実行も延びる為、金融機関には再度直近の源泉徴収を出さなくてはならくなったのである。

そこで２０１３年に東電社員に再度新しい源泉徴収（２０１２年）を出してもらうと、２０１０年と何も変わらず１０００万円超。『アレッ？』と思わず声に出しそうになってしまった。ボーナスカットと言うのはテレビでも報道されていた事実。しかし、特に額面上減らされている様子はない。何故なのか。

実際のところはよくわからないのだが、例えば一応対外的にボーナスは不支給という事にしておいて、臨時給与か何か別の名目で支給されて年収は下げないようにされているのだろうか。立場上、本人の年収に多い少ないのケチはつけられないので、その真相は謎である。考えてみれば確かに東京電力も、ボーナスはカットと言っても年収を下げるとは一言も言っていないが……。

★

東京電力の社員といえば、原発事故が起こる前まではエリートの勝ち組と世間では言われていた。今やその家族すらさぞ肩身の狭い思いをして可哀想だと言う人もいるが、あれだけの事故を起こして社会的信用が失墜したと言っても、実際会社は潰れる事もなく給料も出ている訳であり、なんだかんだ言っても勝ち組に変わりないのかもしれない。

4——原発事故による不動産バブル

農地を高値で売るなら今がチャンス！

原発事故から約7カ月後、東電の賠償金の問題がようやく具体的になると、多くの原発避難者が東北のハワイ、いわき市へと流れ込む事となる。避難者の住居の確保から、児童の受け入れまで、問題は山積みだが、果たしていわき市の決断や如何に……。

およそ2万4千人の避難者の受け入れをいわき市が決定すると、原発避難者は大金を握りしめ、バーゲンセールに駆け込むがごとく、いわき市の土地を買い漁りはじめることとなる。

同時に建築ラッシュが始まり、いわき市の復興バブルが本格化し始める。いわき市から他県に自主避難している方が、当時なお7200人いる一方、原発事故で避難する5万8000人のうちの2万4千人を受け入れるという事は、単純に16800人の人口増加である。

いわき市の面積は1231㎢と広大であるように見えるが、そのほとんどが市街化調整区域といって居住用の建物は建てる事が出来ず、実際に住宅用地としては全体の面積の30%にも満たない。そこに16800人が増えるのだから、当然のように土地不足が起きる。

いわきの高級住宅街でもあるニュータウン「中央台」。530ヘクタールもある分譲地は昭和58年に販売開始して、1万3000人以上が住む、いわき市の代表的な住宅地となったが、当時市内では高価格帯な事もあり300区画以上が売れ残っていた。

しかし、原発事故で状況は一変し、1年で完売。また、新たな造成計画の噂が流れると、造成工事の着手前、まだ田んぼにもっこりと盛り土された状態で不動産の申込みが殺到し、予約済みとなる。

「もう大忙しですよ。本来は土地が見つかったら、どんな家にするのかはお客様と一緒に決めていけばいいんですけど、震災当時はとてもそんなことをやっている余裕がないんです。お客様の要望する家を建てるのではなく、建築条件つきでバンバン売ってしまおうというのが会社の考えでしたね」（いわき市の住宅メーカーに勤める男性）

住宅メーカーも、建物の性能を売りにするのは二の次で、いかに良い土地を押さえ建築条件付き（土地と建物セット）で販売出来るかが勝負なのである。

この為、不動産・住宅メーカーの営業マンは農地を地上げして、早い段階で確保する。

新築物件が建てられていく造成地

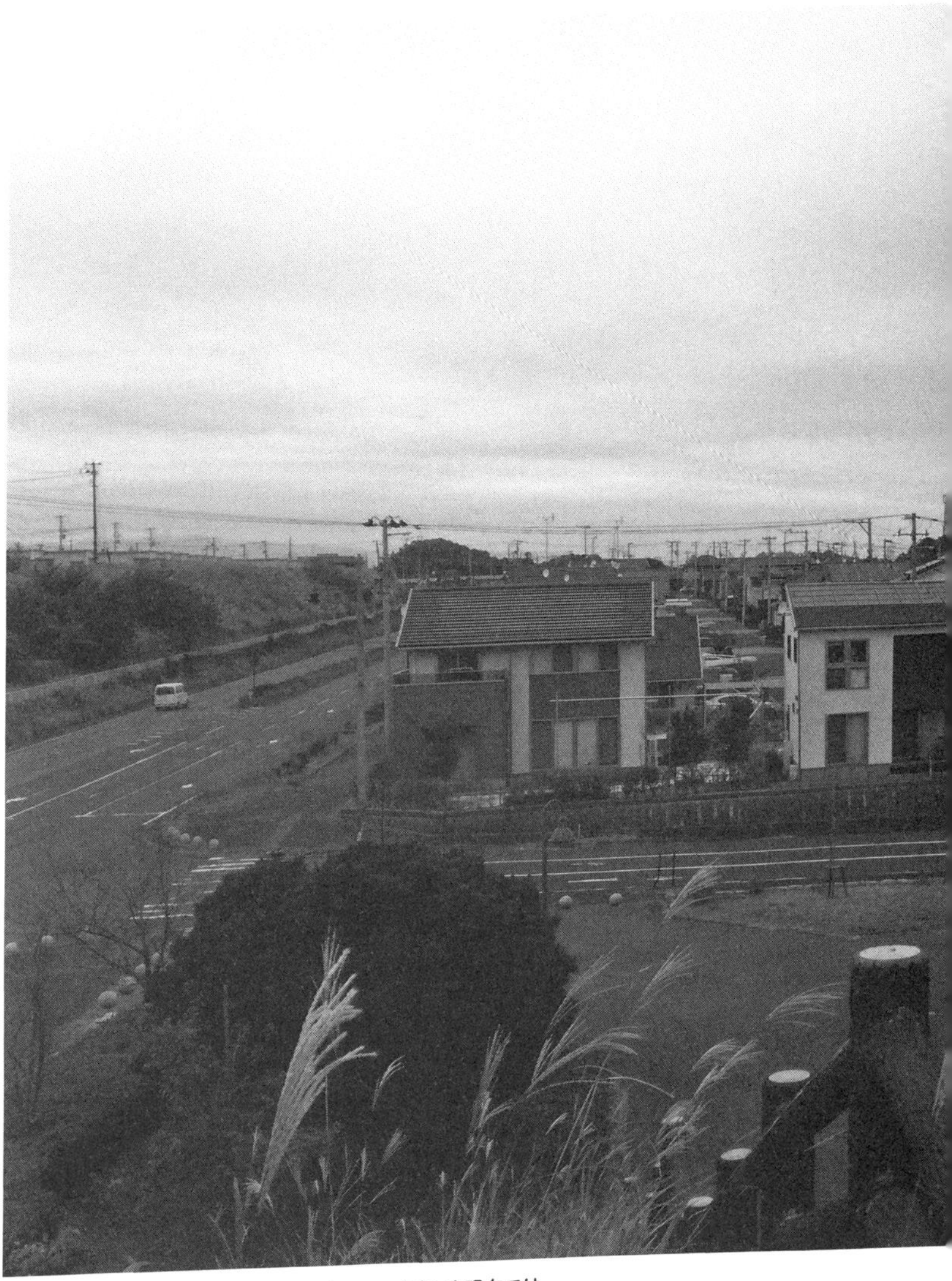
震災前は300区画以上が売れ残っていたニュータウンも現在では
一流ハウスメーカーで埋め尽くされている

今まで田んぼを現況のまま売却するならば、市街化区域の田でも2万〜3万／坪がいいところであったが、農家の爺さんまでもがこの不動産バブルに色気を出して9万／坪近くでふっかけてくる始末である。

いわき市で9万／坪と言う金額は、震災前であれば宅地造成された土地の金額であった。田んぼが9万／坪とは考えられない話であるが、一等地であれば、造成工事や水道の引込み等で金がかかっても20万／坪で売れれば利益は出てしまうし、今ならそれでも売れてしまうのが現状だ。

震災前、いわき市の地価は県内でもだんとつに低く、新しく造成された住宅街でも7万／坪程度で手に入る土地もあった為、70坪くらいで500万〜600万の販売価格が一番売れていた価格帯である。

関東の住宅事情からすると考えられない事かもしれないが、土地で600万の建物に諸経費合わせても、余程の高級住宅でない限り、建物2000万とすれば、3000万でお釣りが来る金額で土地付き一戸建てが建てられたのである。

また、それ程収入の高くないこの地域では総借入金額で2500万程度というのが、返済負担率から考えても妥当な所であった。しかし震災後状況は激変して、限られた土地に被災者が集中し土地不足になると、足元を見る様にいわきの地権者は、

「原発避難者は賠償金をがっぽりもらっているはずだ。高値で売るなら今が絶好のチャンス！」

とばかりに、下手すると賠償金でも足りなくなる程に一斉に値を釣り上げ、全てのバランスが崩れてしまった。

震災の年、２０１１年末のいわき市のアパート・家屋の建築状況を示す建築確認申請の受付件数は前年比５８４％、前年の5倍という異常な数字がこの状況を物語っている。

地権者が提示金額より高値で見直しを要求

原発の賠償金を得た相双地区の被災者の中には、既に他者が予約済みの土地であろうと、欲しいとなったら不動産屋の販売価格に上積みした金額を提示してでものにする者もいる（90ページ参照）。

いわきの地権者も地権者で負けてはいない。これは、不動産会社を悩ます最近よく聞く

トラブルでもあるのだが、いざ土地の買付の申込みが入り売買契約の前になると、地権者は最初に提示してた金額よりも高値で金額の見直しを要求してくる。例えば、

「この前、売りに出した土地ですけど、あと１００万ほど上乗せしてもらえるよう、購入者の方に話していただけませんか？」

「え？　でもあの土地は売っていただけることになっていたじゃないですか」

「やはりあの金額じゃ安いと思いまして。とにかく、その値段じゃないと売りませんから、交渉してみてください」

確かに、まだ土地の売買契約を締結している訳ではないので嫌なら買わなければいいだけの話なのだが、何せこの土地不足。またその見直し額というのが微妙な上乗せが多く結局、言い値で売買契約を結ぶことになるのだ。

地権者も土地を売る直前になると、親戚筋などから「そんな金額じゃ安すぎる！　今のいわきはもっと高値で売れるはず、不動産屋に交渉してもらった方がいい」と、周りから知恵をつけられることが多いようである。

「本当にこれは嫌ですね。最初に土地の申し込みをした人にとっては、とんびにあぶらげを攫われたようなものじゃないですか。中には、なんで後から来た人間が土地を持ってい

くんだって怒り出す人もいます。説明するこっちは大変ですよ」（いわき市内の不動産業者に勤める男性）

土地不足のおまけに、このような地権者と原発避難者における駆け引き合戦がエスカレートし、みるみるうちに土地の販売価格は上昇して、賠償金の恩恵も無く資金にも余裕の無い当のいわき市民は、いわき市内にマイホームを持つことが困難となってしまった。

「上限金額」によってボロ屋でも再建可能になったが……

ここで原発避難者の土地・建物に関する賠償金について説明しておこう。

原発から30キロ圏内（相双地区）にある土地・建物の賠償金は当初、既に固定資産評価を元に補償が決定しており、さらに新たに住居確保に拘わる費用や既存建物の修復に拘わる費用の賠償もされていた。

しかし建物の減価償却により価値が下がった建物（要はボロ屋）だとほとんど賠償金が出ないという問題もあり、その後の見直しにより、震災前の取得価格の80％～１００％の賠償額を目安に上限金額を定め、どんなボロ屋であろうと住宅再建ができる様になった。

これはどういうことかと言うと、既存住居の賠償金は対象となる家屋の評価に応じた金額しか出ない。相双地区は元々評価額の高い場所ではないので、他の場所で土地・建物を買うには金額が足りなくなる事の方が多いのである。

ましてや、土地の価格が上昇しているいわき市で購入するには間違いなく足りる金額ではない。この為、新たに購入した住宅の建設資金が、既存の不動産の賠償金では足りなかった場合にその差額分を上限金額内で補償してもらえることになった。つまり、

▼土地建物の賠償金＝2000万円
▼上限金＝3000万円

このケースでは、本来2000万円までしか支払われないところが、3000万円までの土地建物を買うことが可能となるわけだ。

ただし、この「上限金額」というのはあくまで賠償金の上限であって、当然かかった分の費用しかもらうことはできない。仮に上限金額が3000万円だと査定されても、2000万円の住宅を買えば東京電力からは2000万円までの賠償金の支払いにしかならな

いのだ。

私の住宅メーカーのお客様の中には「上限金額が3000万円だから3000万円の契約書を作って欲しい。でも実際には2000万円で抑えたい」などと言ってその差額を儲けようと企む原発避難者もいた。東京電力の賠償は、確かに契約書や見積書に基づき上限金額が概算賠償として先に支払われるので、ひとまず現金を手にすることは可能だろう。が、その後かならず領収書等の写しを確認し、実際に負担した分との過不足を計算し精算する仕組みになっている為、このような悪企みは実現しないように出来ているのである。結局、犯罪行為が発覚し、警察に逮捕されるのがオチだ。

家族間で骨肉の争いも。不動産賠償に絡んだ相続問題

被災者側からすれば当然のことかもしれないが、被災地の不動産の評価額による賠償金の上限によっては、新築を3戸買える人までいると言う。農家で広大な土地を持っていたり、地主で賃貸物件などを所有していたりすると、途端に上限金もハネ上がってくるのだ。が問題は、上限金と同じだけの家を買えるとは限らない点。例えば、生まれ故郷では1

千坪の敷地に8LDKの家を所有していたとしても、移住先の別の場所に同じ規模の新築物件を建てられるかはわからない。

そこで東電も、この項目に関しては柔軟に対応しており、人によっては、土地建物の評価額に応じた現金を支払うケースもあるようだ。他にも、もろもろの賠償金を含めると、およそ平均的な4人世帯で考えると賠償額は6300万円から1億円超となる。


この不動産の賠償に絡んで相続問題も引き起こされている。東電の不動産賠償は当然、登記がきちんと完了していると言う大前提があるのだが（不動産の名義人に賠償金が支払われる）、実はこの地域の4割近い世帯が未登記・未相続であったりする。

私の義母家族の自宅も、義父が亡くなってから面倒臭がって名義変更の登記をせず未相続のままの状態でいたところ、今回の賠償問題で早急に相続登記が必要となり、娘である私の妻のところに慌てふためいて電話をしてきた。

「とにかくすぐに郵送した書類に実印を押して、印鑑証明取って送り返して！　すぐに送って！」と内容もろくに説明せず、とにかく印鑑証明をすぐに送れという。後日、届いた封書を確認したところ、土地、建物の相続放棄の書類であった。

「うちの土地・建物は弟（長男）に相続させたいんだって」

義母との電話を終えた妻がそう言った。法律上は当然、彼女にも相続の権利はあるのだが、長男は義母とこれまで一緒に暮らしてきたし、妻は私の元へ嫁いで別のところにいるわけだから、それが当然だというのが母の主張のようだ。

「お母さんの言うことはよくわかるんだけど……家と土地を相続するってことは、東京電力の賠償金がぜんぶ弟のものになるわけだから、複雑だよね」

今までは通常、田舎の土地は長男が相続するのが慣例で、家を出た周りの親族も特に田舎の不動産など興味もなく、簡単に相続を了承してもらえたのだが、高額な東京電力の不動産賠償請求の為の遺産分割協議となった途端、ハンコを押すかわりに高額なハンコ代を請求したり、押印を拒否して権利を主張し始める身内が出現する状況になる場合が往々にしてある。

だいたいはその家の親族と言うより、その連れ合いの嫁さんなどが知恵を付けている事が多く、高額な賠償金が背景にある事で家族間で骨肉の争いに発展するケースも多い。今回、妻はどうするのかと思いきや、結局、母に言われるがままハンコを押し、送り返した。お金のことでもめて家族関係がぎくしゃくするのが嫌だというのが彼女の考えであった。

「でも正直、私にもちょっとぐらいくれよ、って気持ちはあるけどね（苦笑）」

わかる！

賠償金支払い窓口に電話をかけてみると

賠償金支払いの窓口となる、東京電力原子力補償相談室の電話オペレーターもなかなか大変な仕事だろう。一時期、激しくコールセンターに求人募集をかけていたのを目にしたが、逆にいえばそれだけなり手の少ない激務ということであろう。

それにしても、あのわざとらしさ全開の対応は少々やりすぎの感じもする。後述するように、オペレーターは徹頭徹尾、平謝りの姿勢を崩さないのだ。私の知人で、この番号の利用経験を持つ双葉町の避難者が次のように語る。

「そもそもこの窓口は、賠償金に関して不明点などがあった場合に電話をかけるところなんですよ」

東京電力の賠償金の対象者には、東京電力から150～200ページにも及ぶ分厚い書類が送られてくる。この書類の必要項目を記入し、本人確認を終え、審査が問題なければ、お金が支払われる流れになっている（189ページ参照）。

ところが、書類があまりに難解なため、内容がわからない人間が多いのである。窓口では主にこの書類に関する質問に応えているのだが、問題はオペレーターと話をするうちにエキサイトしてしまう者が多いことなのだ。

「原発避難者の大半は東電に対して被害者感情を持っています。そこに書類がわからないイライラが加わって、つい感情的になってしまうんですね。怒鳴るくらいは日常茶飯事で、中には賠償金のことはそっちのけで事故について延々と責め立てる人も少なくありません」（前出・双葉町民）

被災者が電話口で興奮して手が付けられなくなった時は、「少々お待ちください」と電話の保留ボタンを押し、相手が冷静になった頃合いを見計らって、「お待たせいたしました」と再び電話に出るのがよく見られるパターン。この対応、おそらくマニュアルで徹底的に教育されているのだろう――。

というわけで、筆者も試しにこの窓口に何回か電話をかけてみた。誰が出ても毎回同じパターンで、最初は「テープが流れているのか!?」と思ったくらい事務的かつ感情移入した言い方で「この度は……大変な、大変なご迷惑をおかけして……」という声を震わせながらのオープニングで始まるのが特徴である。

もっとも、オペレーターは全員、金で雇われた人間だから、事故の当事者である社員と違って、被災者に罪悪感を抱いているはずもないのである。賠償金の窓口ともなると、やはりこのくらいの演出は必要になるものなのだろうか。

原発避難者が「なんでいわきの人間が仮設にいるんだ」

金の事だけを考えれば、やはり何とも気の毒なのは、高い税金をいわき市に納めて、罹災証明も出ていなければ賠償金もないいわき市民や津波被災者である。

特にいわき市や、宮城県の津波被災者は津波で住むところを失い、当初は体育館など避難所での生活を余儀なくされた人も多い。しかし原発事故の賠償金の対象外であるいわきの津波被災者は十分な支援も受けられないままでもある。

「これは心情的なものでもあるんですが……いわき市の津波被災者も、原発避難者も立場的にはほとんど同じだと思うんです。どちらも家を無くして故郷を失ってますからね。でも、片方は数千万から億のお金を手にして、もう片方は一銭ももらえない。その両者が同

じ避難所暮らしをしているんだから、格差がより浮き彫りになってしまう」（いわき市の津波被災者の男性）

苦労はまだある。住宅再建も見通しがつかない為、原発避難者向けに建設された仮設住宅（173ページ参照）へ間借りすれば、原発避難者からは「なんでいわきの人間が仮設にいるんだ」と陰口をたたかれる。

「仮設住宅は30戸ほどの集落なんだけど、町ごとにコミュニティを作って建てられているんですよ。例えば、双葉町なら双葉町民だけが集められるんです。全員顔馴染みですから、自然と閉鎖的な空気が生まれてきます。すると外部の人間が入ってきても、とっつきにくい部分が出て来てしまうんですね」（前出・津波被災者の男性）

加えて震災当時、いわき市の津波被害のテレビ報道があまりなかったことも閉鎖的な空気に拍車をかけているという。前出・いわき市の津波被災者が続ける。

「いわき市の人間が津波で被災していることを知らない人も多いんですよ。彼らからすると、いわき市に家があるのになぜ仮設に来る必要があるのかと思ってしまうんです。それにいわき市の人が一人増えれば、仮設に入れない避難者もまた一人増えることになります。そういう意味でも態度を硬化させてしまうことが多いんですね」

おそらく、世間ではあまりクローズアップされない隠れ被災者としての扱いを受けるいわきの津波被災者の存在は、原発避難者からするとあまりピンとこないのが現実なのかもしれない。

億の通帳をチラ付かせる避難者と、10万円の手付けが用意できない被災者

住宅の契約の前には多くの住宅メーカーは資金証明として「本当に購入出来る資金を持ち合わせているか、融資が通る裏付けとして銀行の事前審査は降りているか」を確認する為に、現金客であれば契約に見あった額の通帳のコピー、融資客であれば契約に見あった額の金融機関から発行される融資承認書類の提出が求められる事が一般的で、当然原発避難者は5000万〜1億円以上ある預金通帳のコピーをちらつかせて来る。

「一億の通帳って見たことあります？　マルが8個並ぶんですよ。彼らがお金を持っているのはわかってましたけど、衝撃でしたね。ただ、東電の賠償金は審査から振り込みまでに時間がかかるので、中には、現金をもっていない方もいるんです」（いわき市の住宅メーカー社員）

原発避難者の場合、仮にまだ賠償金が手元に入っていなくても、東京電力から送付される東電の計算による賠償額が記載された通知書があれば、多くの住宅メーカーが資金証明に変わるものとして扱う。一方、いわき市民のローン客といえば、住宅メーカーに最初に払う契約金（手付金）の最低額の10万円ですら苦労している者が多いのが現実だ。

「『すいません、これだけしか用意できなくて』って、申し訳なさそうにお金を出してくるんですよ。私たちだって、彼らと同じ被災者ですからね。彼らがどんな思いで、このお金を持ってきたのかわかる。仕事を抜きにして、胸が締め付けられるような思いがしました」（前出・住宅メーカー社員）

そしてまた、この原発避難者の懐事情を象徴してるのが、金融機関の預金残高の急激な増加である。福島県最大手の地方銀行と言われる「東邦銀行」の個人預金残高は、震災前の２０１０年度末時点で2兆２６９８億円で、２０１１年度末で3兆７４８億円。

前年比で８０５０億円近くの増加となる。更に、２０１２年の年度末の預金残高は4兆３３５億円となり前年比でおよそ９５８７億円の増加となった。この背景にはもちろん、原発事故の賠償金があると言えよう。

億の金を手にする避難者と、10万円の手付けの用意が精一杯の被災者――。このような差を見せつけられるとさすがに被災者格差を実感してしまうものである。

原発避難者が風俗やパチンコで散財するなど（111ページ参照）、賠償金の使い方が問題として取りざたされる今「東電宝くじ」の預け入れ先として残高を伸ばし、今や東北のみずほ銀行化した東邦銀行でも、補償金預金者には「その日から読む本」（宝くじの高額当選者にみずほ銀行の行員から配布される、突然入ってきた大金に戸惑わず惑わされないための小冊子）的なものを配布する必要すら感じる。

東電宝くじにハズれたいわき市民は、まとまった現金もなければ、融資も金利の高い通常の融資しか使えず、地価の急上昇したいわき市の土地など手が出ない。一方で、東電から多額の賠償金によってその土地を買う原発避難者たちがいる。もちろんもらった金をどう使おうと本人の自由だが、目に見えて格差が出てしまうと、いわき市民の間と原発避難者の間の溝がますます深まることにもなるのだ。

さらには東電宝くじに当たった人間の中にも、大金を手にしたことで金銭感覚を無くし、身の破滅を招いてしまうケースもある。原発事故によって彼らの故郷を奪い、事故後もその生活を狂わせるようなら、何のための賠償金なのかわからない。東京電力も、ただ単に賠償金をタレ流すのではなく、避難者が受け取った後のことも考える時期に来ているのではなかろうか。

バブル全盛時を凌ぐ、いわき市の地価上昇率

国土交通省の調べによれば平成26年度の全国地価上昇ランキングベスト10の中に、いわき市の3地点がランクインしている。

全国ランキングの2位にいわき市中央台鹿島、5位にいわき市草木台、7位にいわき市泉もえぎ台と、いずれもいわき市の主要住宅地である。その詳細を見てみると、

いわき市中央台鹿島1丁目（全国2位）
平成25年価格　43900円／㎡
平成26年価格　49000円／㎡　変動率　11・6％

いわき市草木台2丁目（全国5位）
平成25年地価　37300円／㎡
平成26年地価　41500円／㎡
——変動率　11・3％

いわき市泉もえぎ台（全国7位）
平成25年地価　26900円／㎡
平成26年地価　29900円／㎡
——変動率　11・2％

ちなみに、全国2位のいわき市中央台は前年対比で11・6％であるが、震災前の平成23年の地価は41100円／㎡であったので、震災前から比較すると何と19・2％の変動率（＝上昇率）となる。1988年バブル全盛の住宅地の平均変動率が17・9％である事を考えれば、その凄さは容易に想像がつくことだと思う。

そして平成27年発表の全国地価上昇率ベスト10は、なんとその全てが福島県の「いわき市」が独占という快挙を成し遂げた（87ページ表参照）。

震災前までは10万円／坪でも売れなかった土地が、現在売買価格になると実質22万～23

平成27年発表の全国地価上昇率ベスト10

全国１位　いわき市泉もえぎ台
平成26年地価 29900円/㎡　平成27年地価 35000円/㎡ ｜ 変動率 17.1%

全国２位　いわき市草木台
平成26年地価 41500/㎡　平成27年地価 47300/㎡ ｜ 変動率 14.0%

全国３位　いわき市泉ケ丘
平成26年地価 31500/㎡　平成27年地価 35700/㎡ ｜ 変動率 13.3%

全国４位　いわき市中央台鹿島
平成26年地価 49000/㎡　平成27年地価 55500/㎡ ｜ 変動率 13.3%

全国５位　いわき市平下平窪
平成26年地価 41300/㎡　平成27年地価 46300/㎡ ｜ 変動率 12.1%

全国６位　いわき市中央台飯野
平成26年地価 50000/㎡　平成27年地価 56000/㎡ ｜ 変動率 12.0%

全国７位　いわき市泉町
平成26年地価 42,800/㎡　平成27年地価 47800/㎡ ｜ 変動率 11.7%

全国８位　いわき市洋向台
平成26年地価 27600/㎡　平成27年地価 30800/㎡ ｜ 変動率 11.6%

全国９位　いわき市小島町
平成26年地価 50100/㎡　平成27年地価 55800/㎡ ｜ 変動率 11.4%

全国10位　いわき市佐糠町
平成26年地価 26500/㎡　平成27年地価 29500/㎡ ｜ 変動率 11.3%

万円／坪で取り引きされている。その背景にはもちろん賠償金があり、9割が相双地区のお客様である。

流されて存在しない家屋は東電も補償できない

東京電力からの賠償金を「もらえる者」と「もらえない者」がいることは、すでにご理解いただけたと思う。ただ、被災地と縁遠い方は、どのような項目が補償の対象となり、一体どういう基準で支払われているのかは、わかりずらい部分であると思われるので、ここで改めてご説明すると、実は至ってシンプルな基準である。

まず補償される項目は、

①避難生活における精神的損害
②就労不能損害
③避難・帰宅に係る費用、避難先の家賃に係る費用の補償
④生命・身体的損害（避難の為、健康状態が悪化したまたは悪化を防止する為に入通院に係る医

療費・交通費の補償）

⑤**移住を余儀なくされた事による精神的損害**（①の精神的損害とは別に、原発事故発生時点で長期的に帰還不能となり長年住み慣れた場所から離れて生活をしいられた事による精神的損害）

⑥**早期帰還による補償**（避難指示解除となったエリアに解除後一年以内に帰還される方々に対し生活上の不便さに対する追加的賠償）

⑦**宅地・建物・借地権に対する補償**（借地でも借地権割合によって不動産の補償がされる）

⑧**生活確保費用**（移住する際や帰還する際の住宅・宅地の購入費用や建替え・修繕費用。この費用は⑦の宅地・建物の補償とは別に新たに取得する場合に係る費用を補償するもので、ある程度の計算式は有るものの「必要かつ合理的な費用の範囲内」と記されている）

⑨**家財の補償**

⑩**宅地・田畑以外の土地の補償**

その他、立木・墓石・自動車・住宅の清掃費用なども含まれる。

以上の10項目。例えば、自分が①②④⑤⑨の項目に該当した場合、各項目の賠償金の合計が支払われるわけだ。

では、対象となるのはどんな人なのか？　単純に、①〜⑩までの項目は全て地図上に円で表示された原発から30キロ圏内の避難エリアのみが補償対象となる（12ページ参照）。逆に言えば、それ以外のエリアでは一切支払われる事はない。

ただこの対象エリアでも津波により流された家屋は不動産の補償の対象外となる（⑦）。家が残っていたら補償されるのに、無くなればもらえないというのも変な話だが、流されて存在しない家屋は東電も補償はできないということであろう。

不動産の買付けはほとんどオークションと同じ

被災地では被災者格差をさらに拍車をかける様に、不動産屋や住宅メーカーも地元のローンレンジャーより原発避難者の方を優遇する。彼らは皆、現金客であり手っ取り早く金になるからである。

不動産屋で土地契約をする前には通常、その不動産を仮押さえする意味で、対象不動産の申込みが必要となる。その時に書かされる不動産の買付証明や申込書というのは通常は先着が優先されるものであるが、いわき市内の不動産屋の土地購入申込書には、震災前にはなかったある条文が付け加えられている場合がある。

その土地申込書の条文は、「この申込書は先着で優先するものではなく、売主の意向により現金の方が現れた場合は現金客を優先する」といった内容のものである。つまり、ローン客が申し込みをしても、後から現金客が現れたら、そちらに土地を売っても構わないという取り決めだ。

以下は、いわき市民のローン客と不動産業者のやり取りを再現したものだ。

「すいません。先日、お申し込み頂いた土地なんですが……現金でご購入されたいという方がおりまして。その方に売らせていただきたいんです」

「え？　でも、仮押さえをしてるでしょう？」

「確かにその通りなんですが……土地申込書にもあるとおり、被災地では現金のお客様が優先されることになってまして……」

納得がいかない相手をさらに畳みかける。

「お客様のお気持ちはわかりますが、これは最初からの約束ですので」

「………」

「今回はご縁がなかったということで」

心が痛むが、不動産屋も商売なので非情になるしかないのだ。

ちなみに原発避難者の中には、「料金を上乗せするから売ってくれ」と言う客もいる。極端な話、不動産の買付証明に申込みの順位が無くなってしまえばほとんどオークションと同じで、高値を提示した者が優先されるようなものである。


住宅メーカーも同様、今更土地から探しているなどと言う客はまず相手にしない。この建築ラッシュで朝から晩までほっといても客が来る状況、忙しすぎて、土地探しや面倒なローンの手続きに費やす時間など無く、「土地有り現金客」優先にした方が効率がいいのである。住宅メーカー側もスピードを求める為、上層部からも「土地有り客を優先せよ」と通達が出ている（124ページ参照）。

土地・建物だけではない。賃貸物件もどこも満室御礼で、空き部屋などどこにもない。震災前は、いわき市内の賃貸物件は入居率も低くアパート・マンションは飽和状態で、空き地の土地活用で賃貸物件を建設した地主達も悲鳴を上げていた。

ところがこの震災で状況は激変し、
▼被災者の受け入れのための借り上げ物件＝国が賃貸物件を借り上げ、住居のない被災者

を受け入れている
▼損壊家屋の建て替えの為の仮住まい＝壊れた家を建て替えるには、建築期間の間、住んでおく仮住まいが必要となる。
▼他県から応援に来てくれる職人や原発作業員・除染作業員の宿舎＝他県から来ている人たちはいわき市内で長期間、寝泊まりするケースが大半
などで賃貸物件やビジネスホテルまでもどこもいっぱいである。この状況がまた新たな問題を引き起こしていく──。

カップルを襲って現金を奪い、女性を集団暴行。原発作業員4人の鬼畜な犯行

いわき市の人口は、避難者2万4千人に加え、県外・市外から来る現場作業員や原発作業員、除染作業員を加えると3万人以上増加した事になる。同時に、県外から来る原発関係の作業員による犯罪も急激に増加している。

２０１２年9月に起こった「永崎海岸事件」をご存知だろうか？　これは、いわき市の永崎海岸の駐車場にいたカップルを、原発事故の復旧に神奈川県から来ていた作業員４人

がナイフで脅かし、男性に暴行を加えて現金3万4千円を奪い、更に女性を集団で強姦した事件である。

いわきの様な田舎町でこのような事件が起こる事は少なく、地元住民に大きなショックを与えた。事件当初、一部のいわき市民の間では「双葉のガキどもがやったに決まっている。奴らが来てから治安が悪くなる一方だ」と言われていたが、事実は違った。

震災以来、数万人の原発作業員や除染作業員が流れ込んで来るのに比例して犯罪も増加しているのは前記した通り。県内に来ている作業員だけでも、2013年初から年末までに逮捕・検挙された人数が161人でその内、県外出身者は89人。

事件の内訳は傷害事件が最も多く、詐欺、窃盗、覚醒剤取締法違反、強盗傷害と様々である。窃盗においては除染作業員が、被災地フリーパスのごとく通行許可証を悪用し、作業をしながら目ぼしい家を物色していたということだからふざけた話だ。いわき市在住の40代の男性は次のように言う。

「地元民の間では原発作業員や除洗作業員の犯罪を知らない人もいるんですよ。テレビや新聞で事件が報道されても、犯人の職業までは伝えないことも多いですから。ただ、作業員が善良な人間ばかりじゃないということは知っておくべきでしょうね。最悪、自分の身は自分で守らないといけませんから」

この永崎海岸事件もただ単に強盗強姦事件として報道され、県外から来た原発作業員である事は伏されている。原発事故発生当初に、最悪の事態を食い止めてＮＹタイムスでも記事になった名もなき50名の英雄「フクシマ50（フィフティ）」は知っていても、この様な犯罪集団「フクシマ１６１」を知る国民は少ないかもしれない。英雄よりも犯罪者の方が多いとは残念な話である。

もちろん、真面目に原発の仕事に従事されている方も多いのでこう言ったら失礼ではあるが、これ以上犯罪に歯止めがかからない状況になる様であれば、旧ソ連下のチェルノブイリ原発事故の時と同様に、作業員を政府の厳重な管理下において作業させれば良いのではないかと思うくらいである。まあ、現実的には難しいだろうが。

楢葉《ならは》町の自宅は思い切りリゾートっぽくして別荘に

除染作業員を派遣する「除染ビジネス」は、土木系でも圧倒的な高待遇を餌に県外からも大量の人を集め、実際には物凄いピンハネをして条件通りの雇用をしていなかったり、

工事者
宿
双葉郡広野町
☎0240-
1泊2食 ¥4,500~ (税別)
「全国の格安宿」見つけます!探します!

原発事故で集客の見込めなくなったラブホテルはそのほとんどが
工事者や原発作業員の宿になっている

劣悪な環境で仕事をさせたりする事で作業員のストレスが犯罪へとつながる原因の一つと考えられている。

原発事故が起きた当初は、作業員の日給が20万円の募集が出ているなどと話題になったが、実は現在も東電からの支払い自体は一日10万円くらいが多い。しかし、幾つもの下請け会社が関与して、6次下請けなどは当たり前の仕組みになっておりどんどん手数料がピンハネされて行く。そして最終的に作業員には1万円〜1万5000円くらいの支給になるのである。

「住宅環境も悪いですね。山奥のラブホテルを宿舎として借り切って、一部屋に3、4人で住まわせているところもあります。宿代や弁当代、衣類などの名目で給料をピンハネし、手取りが5、6千円程度というケースもある。ほんとストレスが貯まりますね」（ある除洗作業員の男性）

現在、帰還を開始している双葉郡の楢葉町。ここでは、復興計画において大きな三つの問題があると言われている。一つは「第一原発・第二原発の安全の担保」二つ目は「放射線量と除染の問題」そして三つ目が「賠償の問題」。大きくこの三つの問題について議論されてはいるが、リアルな問題としてもう一つ「治安の問題」というのがある。

帰還を開始している場所だけに、ここにはかなりの数の除染作業員が導入されており、まだほとんどひと気のない町に自由に誰でも出入りすることが可能となった。それにより、民家や商店の盗難が多発。町民へ帰還を促す楢葉町に、戻るか戻らないか迷っているある女性のお客様の話によると、表には出てない話だが日中帰宅していたお婆さん⁉が強姦されて地元住民の間では大騒ぎになっているという。

町民からは、「こんな状況なら警戒区域のままが良かった」「作業員がいなくなってからじゃないと怖くて帰還できない」という声も上がっているのも現実だ。

楢葉町民の中には一度汚染された場所へ帰る気などさらさら無く、すでにいわき市内に新築やマンションを購入し、楢葉町に残してきた自宅は大規模リフォームをして別荘代わりに考えている人も多い。

現に私のお客様でも既に4000万円でいわきに土地・建物を購入し、残りリフォームでかけられる賠償金が2000万円あるので、楢葉の自宅は別荘として、思い切りリゾートっぽく改造したいとの要望を出すお客様も一人や二人ではない。

「まあ、どれだけ別荘を利用するかはわかりませんけどね。どうせ向こうに行っても何かあるわけじゃないし。ただ、使えるお金を遊ばしておくのももったいないから、リフォームしてみただけでね」（楢葉町の50代男性）

帰還できるとは言ってもまだ生活するには商業施設も再開しておらず、原発作業員や除染作業員相手のコンビニが数軒営業している程度である。住民の帰還が進まないのはこの不便さにも原因があるのだ。

ちなみに、楢葉町に営業を再開したコンビニのファミリーマートでは時給１２００円で、夜間は１５００円で送迎付き。危険手当というところであろうが、おそらく日本一時給の高いコンビニではないかと思われる。

借金がかさむと男は原発作業員に

いわき市内で除染作業員の派遣をしている会社は震災後急激に増加し、地元の土木や建設関係の会社が本業のかたわら行っているところが多い。

私の知人でも土木・外構・解体工事の会社と除染作業員の人工出しの会社を運営しているが、刺青をした原発・除染作業員が数多く会社に出入りしているのも事実である。

わけあり作業員も多く、中には闇金の借入れが膨らみ、その返済の為に原発に送り込まれている人もいる。今の時代、借金がかさむと女は風俗店に、男は原発作業員（＋除染作業員）に……の様である。

２０１４年、原発作業員のテロ対策による身元調査の法制化が見送りとなった。原発はテロの標的にもされる危険な場所なので、そこに出入りする人間の身許も厳重にチェックする必要があるというものだ。

知人は次のように言って苦笑した。

「法案が通らなくて助かったよ」

除染作業員にわけありが多いのは、先に記したとおり。もし厳重に身元調査など始めてしまったら、作業をして頂いている末端のヤクザ者やホームレスなども明るみに出てきたりと、色々と不都合な事にもなっていたという。

「そしたら、働ける人間がほとんどいなくなっちゃうからさ」

当然、かわりの人員を補充しなければならないことになるが、実際には原発で働きたいという人間は少ないらしい。

「だって、そうでしょ。作業員は多かれ少なかれ放射能の影響を受けるんだから。自分の健康を考えたら、自ら進んでやりたい人間なんてどこにいるよ」

結果、作業員が確保できなくなり、原発事故の後処理が大幅に遅れることになっていただろうというのが、現場をよく知る知人の見立てだ。

政府もテロ対策などと大きな事を言う前に、まずは被災地で犯罪を犯す「小悪党」を何とかして欲しいものである。

原発避難者が寿司食って悪いのか！　酒飲んで悪いのか！

復興バブルによって、いわき市に大勢の作業員が入ってきたことは先にも記した。彼らは駅前のビジネスホテルや、郊外のラブホテルに泊まってはいるが、もちろんオフの時は町にも出てくる。見た目にも往来を行き交う人は増えた。

人の集まるところに金は集まると言われる通り、いわき市の夜の繁華街も例外ではなかった。駅前のビジネスホテルが満杯なのだから、当然飲食店もその恩恵を受けることになる。

県外から来る原発作業員や除染作業員、そして故郷を失い飲まずにはいられない避難者達で連日連夜大繁盛。外部から入ってくる客が多くなってくると当然、地元の常連客との小競り合いも起こってくる。

「喧嘩もよくあるよね」

いわき市の繁華街でスナックを営むママが言った。なんでも、作業員の中には気の荒い人間もおり、これみよがしに騒いでいることも多いらしい。

一方、いわき市の常連客も常連客で、どんちゃん騒ぎだす。場合によっては、泥酔した人間同士殴り合いの喧嘩になることもあるそうだ。

「まあこれはどこの町でも一緒なんだろうけどね。ただ、可哀想なのは原発避難者の人たちだよ」

原発避難者は基本、人目につかないよう静かに飲んでいることが多いのだが、そもそもが顔見知りが多い場所、外部の人間は目立つという。高級車に乗ってたり、高そうな服を着てたら、まず間違いないらしい。

「この前もお寿司屋さんに行った時、原発避難者の人がいてね…」

たまたま飲みに来ているのが原発避難者だとわかり、それも楽しそうに飲んでいたものだから、店内に「賠償金で飲んだくれている」などとすぐさま噂が広まってしまったという。「原発避難者が寿司食って悪いのか！　酒飲んで悪いのか！　お前らだって寿司くらい食うだろ！　酒だって飲んでいるだろ！　特別なことは何一つしてない！」と避難者は声を大にして言いたいところではなかろうか。

世界からは日本のイメージとして「フジヤマ・サムライ・スシ・ゲイシャ」と言われるが、いわき市の人たちの間では一部の原発避難者の生活ぶりを見て「レクサス・焼肉・スシ・ソープ」と揶揄されることもある。文字通り、高級車に乗って、美味いものを食い、女を抱くという意味だ。

政府が行った迷惑なキャンペーン『食べて応援』

この震災と被災者の金により、いわき市の経済が活性化されたのも事実である。しかし、震災バブルは復興に拘わる不動産・建設・ホテル・歓楽街などの一部の業種に局所的にしか発生していないものであり、農家の方はやはり風評被害には苦しめられている。

震災直後の２０１１年４月、農水省は『食べて応援』なるキャンペーンを行った。当時、福島県の農作物や畜産物の売り上げがガタ落ちしたことから、国民全員で消費して復興を応援しようと呼びかけたのだ。

当時のことをいわき市の農家の男性は次のように振り返る。

「正直、迷惑なキャンペーンでしたね」

震災当初、福島県の農作物は「汚染されている」と言われていた。今では線量は基準値より低く、人体にも影響がないとされているが、あの頃は地元の人間ですら危険だと考えていたのだ。

実際、福島県産の農作物を『食べて応援』などと言っても地元の人間ですら敬遠する、小さい子供のいる家ならなおさら食べる事のない物を他県の人が受け入れるはずもない。『食べて応援』と言えば言うほど敬遠される、逆効果としか言いようがないキャンペーンであったらしい。

「おかげで収入はガタ落ちですよ。それこそ他の仕事でもしようかと考えたこともあるくらいでね」

本業で収入が見込めなくなれば、持っている土地を活用して賃貸事業でもやるしかないのかもしれない。とにかく、『食べて応援』は生々しすぎる。

せめて『買って応援』くらいが自然な感じだと言う声も多く、海外からはこれを「さすが大日本帝国、戦時中の一億総玉砕と変わらない」と批判する声も上がっている。国民全員で被爆しようだなんて狂気の沙汰だ、というのがネット民の主張だ。

政府の打ち出したこのキャンペーン。他県の人は福島県を『食べて応援』、その代わり、福島県民は『(放射能を) 浴びて頑張る』そんなキャンペーンにも聞こえてくるという。

「だってそうでしょう。野菜を食べてもらうためには、こっちはその野菜を作らないといけないんだから」

繰り返すが、当時の福島は放射性物質が大量に飛散していると考えられていた。中には、他県に逃げようとした人間すらいたほどなのだ。

そんな状況下、畑に出て野菜を作るということは、裏を返せば自らも被爆するということに他ならない。政府もずいぶんと罪なことを言うものだ、と当時は考えたそうだ。

「放射線なんて目に見えないから、いくらでも疑っちゃうんだよ。仮に汚染されていない農作物だとしても、それを食べて応援させると言うのは何ともその発想が気色悪い」

そう言えば震災当時、福島を食べて応援と、食べ続けた女性が脳の病気となるというネットニュースがあった。よくよく調べてみると77歳で認知症になったらしく、年齢からすればその因果関係は怪しいものでもあるが……。

ちなみに政府が打ち出した「食べて応援キャンペーン」だが、言い出しっぺの当人（誰とは言わない）はあまり食べている様子はなく、「食べる人応援」と言うところであろうか。多くの人にとっては全く恩恵のない運動でもある。

家賃高騰によって同棲できないカップルたち

賃貸需要も拡大し、原発避難者が毎月の家賃も、

▼一世帯4人までは一ヶ月あたり6万円まで補助されている
▼一世帯5人以上になると9万円まで補助が出てる

などと聞くと、アパートの大家は「どうせ賠償金で家賃出てるんだから」と築年数や部屋の広さなど無関係に一斉に家賃を値上げしてくる。

物件がないからそれでもすぐに借り手は見つかるのだ。しかし、この賃貸需要も10年後にはどうなっているかということも考慮しておかなければならない。

「震災バブルも永遠に続くわけはないですからね。今は賃貸物件の需要はあるからいいけど、復興が進めば、除染作業員や原発作業員、職人さんなんかも仕事がなくなって、いわ

き市からいなくなるでしょう。その時、増えた賃貸物件はガラガラになるはずですよ」（いわき市の不動産業者に勤める50代男性）

目先の需要で物件を増やすことにより、将来空室になった時には震災前と同じ悲鳴があがることは間違いないであろう。

一方、この物件不足と家賃の値上がりによりここでも、家賃補助など無縁の被災の判定も受ける事の出来なかったいわき市民、特に新婚の若い夫婦はアパートが見つからず、親との同居を余儀無くされている。

「お金がないから、高い賃貸物件に住めないんですよ」（前出・いわき市の不動産業者の男性）

普通、結婚ということになれば、大抵は親と別居したいものだが（もちろん中には同居を選ぶ人もいるが）、それが出来ないことによって堅苦しい生活を強いられているのだ。新築の一軒家を建てようにも、こちらも地価高騰によって買うことが困難な状況に陥っている。

カップルも同じで、家賃が高いから、同棲生活をすることもできず、中には、お互いが実家同士で付き合ううち、別れてしまうこともあるという。前出・いわき市の不動産業者の男性は次のように漏らした。

「で、この家賃高騰を招いたのは誰なのかって、ことになるんですね。それがまたいわき市民の感情を複雑にしてしまう」

大金を持つ被災者が流れ込んで来た事により、復興に向けての助け合いではなく、足の引っ張り合いが始まったいわき市。そしていわき市民は、原発避難者を『金の亡者』と罵りながらも、その金を少しでも手に入れようと必死になるのだ。

震災で家も仕事も失い小名浜のソープ嬢に。被災者が被災者を買う残酷な「金の流れ」

被災者の金銭的な支援内容においては、なかなか平等にはいかないもので、あらゆる場面で格差が生じてしまう。損壊家屋の判定内容による生活再建支援金についても、もらえる者ともらえない者を生んでしまうし、原発事故の賠償金もまた然りである。金は天下の回りものと言うが、時として残酷な「金」の流れを生み出す事がある。

いわき市の小名浜には、東北でも有数のソープランド街がある。震災直後は、被災者に日中は無料で浴室の開放をして復興に協力をしてくれた所もあった。

その後は原発や除染の作業員、建築ラッシュによる現場作業員などの客で小名浜ソープ街も大盛況となった。しかしその盛り上がりの裏には、震災によって運命を変えられた女性たちの存在がある。

福島県だけではないが、津波被災などで家屋や家族を失い、原発の賠償金の対象にもならず生活再建出来なくなった若い女性の中には、この震災を機に風俗の世界に入ってしまう者もいる。

これは、金に困っている被災者につけ込んで、高収入をエサにしつつ被災地をターゲットに勧誘するスカウトマンの暗躍にも原因はある。震災当初、いわき市の繁華街などで道行く若い女性に声をかけると、結構な確率で入店させることができたのだという。

「お姉さん、家は大丈夫だった？　仕事は何やってるの？」

「…何も…震災で家も仕事もなくしてしまって…」

「そうかぁ…。だったら、良い仕事紹介しようか。時給も高いし、すぐに勤められるよ。なんだったら寮もあるから」

鬼畜な話だ。

そしてまた、賠償金により時間と金を持て余した被災者の中には風俗店で金を落とす者もいる。被災者が被災者を金で買うという妙な金の流れだ。

2015年3月19日号の『週刊新潮』の記事にも書かれていたが、いわき市小名浜のソープランドで、仮設住宅に住む男性が「金ならある！」と2日連続、延長延長で9時間店内にとどまり、ソープ嬢達からブーイングが出て「出禁」になったという何とも恥ずかしい話もあった。

「文面を読む限り買われた女の子が被災地出身だったかはわかりませんけど、正直、良い気分はしませんよね。もちろん、こんな被災者はごく一部なんでしょうけど……私たちいわき市民にしてみたら、バカにされてる気がして……」（いわき市の30代女性）

政府や東電のどんぶり垂れ流しの賠償金の取り決めは、被災者に「負け組」と「勝ち組」の格差を生み、この様な現実を作り出してしまった。

★

一部の心ない被災者達が、ベンツでパチンコ屋に行こうと、高級スポーツカーでソープランドに行こうと個人の金の使い道は自由であるが、間違いなく地元いわき市の被災者達を刺激する。

これだけの原発事故自体が日本で前例も無く、全てが初めての経験であるのだから被災者の補償問題がスムーズにいかないのはいたしかたないものなのだろうか……。

家屋損壊の生活再建支援金の定義もあやふやで、原発事故もどこかで線引きしなくてはという、とりあえず感が強い。金が絡む補償問題の格差が極端過ぎた事が、被災者間の「負け組」と「勝ち組」の空気を作ってしまった事は今回の事故で大いに反省すべき点である。

5 ── 賠償金……ご利用は計画的に

「買うんですか買わないんですか?」。イライラ顔で即決を迫る不動産屋

ここで被災地の賃貸物件の状況をおさらいしておこう。

いわき市では、津波や震災によって家屋が全壊した人に加え、原発避難者、復興・復旧作業員の宿舎確保により予想以上の物件不足にみまわれる事になる。

賃貸物件は空きが無く、いつ空くかもわからない。不動産会社に問い合わせてもいつ空くかもわからないので予約も出来ない。「毎週月曜日の朝に物件の更新がされるから、月曜日の朝一に電話するように」と言われ電話をかければ常に話し中。

知人の不動産屋によれば、週に一度の更新で出る物件は1〜2件らしい。

その物件を狙って数十件の電話が鳴るのだからとてつもない競争率である。物件不足がひどい時には、4人家族でワンルームに住んでいる被災者もいた。

「キツイですよね。それこそ足の踏み場もないくらいだし」

この家族は震災によって家が倒壊し、住むことができなくなったらしい。不動産屋に駆け込んだところ、空き物件がなく、急場しのぎでワンルームの部屋に住んだという。

運の悪いことに、その後も賃貸物件の不足によって、引っ越しできない状態が続く。結局、それなりの部屋に引っ越し出来たのは、何ヶ月も後になってからだそうだ。

「といっても、この人たちはまだマシな方かもしれませんね。中には、賃貸物件がないことで、壊れた家に住み続けている人もいますから」（前出・知人の不動産屋）

新築に建て替えするにも仮住まいが必要となる為、仮住まいが見つからなければ、家を解体する事も出来ない。一時期、この仮住まいとなる賃貸物件の不足が復興の大きな足かせともなった。

今では新築の賃貸アパートの着工現場も沢山見かける様になったが、現場が始まってからでは時すでに遅しで入居者は全て決まっている。

住宅メーカーに来る人でも、既存の建物を解体してから建て替える人は、仮住まいが見つからない事には新築も進められない。この為、仮住まいを見つけてくれたメーカーと契約するという条件を出してくる人も多く、私自身、住宅の営業よりも賃貸物件探しに忙しい感じだ。

「賃貸物件に空きが出ましたか」

繋がりのある不動産屋に電話をかけると、

「まだないよ。わかってるだろ」

と電話を切られることも多い。それだけ空き待ちのお客が多いのだ。

土地不足も同じで、不動産屋に行っても限られた物件に殺到する為、客が迷っているそぶりでも見せようものなら「買うんですか買わないんですか？」とイライラ顔で即決を迫られる。

不動産会社は、賃貸の空きの問い合わせ電話がひっきりなしに鳴り響く中、土地探しで客が順番待ちで並んでいる状況下、「検討する」などと言うのんびりした客は相手にしていられないのも現実である。

2012年、2013年と建築ラッシュに増税前の駆け込み需要が重なり、各住宅メーカーも賑わいを見せることとなった。

実は、震災直後は新築よりも程度の良い中古物件の方が売れていた。購入してすぐに住めるし、何より土地・建物を買うよりコストが抑えられる。

しかし、安くてお手頃な中古物件はあっという間に無くなり、それと同時に賠償金も具体的になってきたことによって新築の動きが加速してきたのである。

私の住宅メーカーに来た原発避難者のお客は言った。

「最初は中古を探してたんですけど、賠償金が思ったより入ることになったので、新築に切り替えたんです」

このお客の場合、当初はなるべく予算を抑えるつもりだったらしい。仕事もあるわけでなく、将来的な不安もあるので、賠償金を貯蓄したいと考えていたからだ。

それが賠償金の金額が明らかになったことで考えが変わる。新築を建ててもまだ余りあるお金が入ってくることになったのだ。

「5000万以上入ることになったんですよ。それだけ入ってくるなら、わざわざ中古住宅にすることもないかなって」

また、中古物件を購入した者でも中古物件はやはり中古の住み心地でしかないと、その後さらに土地と建物を購入し、最初に買った中古物件を賃貸物件として貸している人もいる。こちらはお金がお金を生む典型例と言えるだろうか。

予約のないお客はモデルハウスに入って来ても放置状態

住宅メーカーとの打ち合わせはそのほとんどが完全予約制。事前にアポを取り、住宅展示場で待ち合わせて、営業マンと一緒にモデルハウスを見て回る事が多い。

普通、住宅を購入する時には、住宅展示場のモデルハウスを見て回るのも購入者にとっては楽しみの一つでもある。一生に一度の買い物をする高揚感、どんな家を建てるか悩むこと。お客の中ではすべてがイベントなのだ。

実際、震災前であれば、お客様がモデルハウスに来場すれば営業マンが急いで走って行き、お客様の横について住宅の性能や特徴をアピールするものであったが、現在は昼飯を食べる暇もないくらいお客が途切れることなく来るので、時間を短縮することが多い。

「お客様、そろそろ次のモデルハウスの方に行きましょうか」

「え？　もう？」

所要時間はものの10分。急かすにもほどがある。

また住宅展示場にはアポもなくフラリとやってくる人もいる。こちらも震災前なら大事

なお客であったが、今は予約のないお客はモデルハウスに入って来ても放置状態だ。

「すいません。モデルハウス見て良いですか」

相手から声をかけられたら、

「どうぞー」

また別の相手から「ちょっと聞きたいことがあるんですけど」と声をかけられたら、

「すいません。時間がないので後にしてもらっていいですか」

始終こんな調子である。我ながら失礼な話だ。


住宅展示場のモデルハウスなどというものは客の入口となる為、どこでも非現実的なまでに豪華に作られている。間取りも広く、調度も高級品ばかりである。

それをそのまま作ろうものなら坪単価１００万コースになってしまうことはざらであるし（註１）、実際には全く参考にはならないものが多いのも現実である。そこで、

「モデルハウスと建てる家とは異なりますから、あんまり長く見てもお時間がもったいないですよ」

「そうなんですか」

「ええ。ではあちらのテーブルで打ち合わせをいたしましょう」

また、どういうわけか買う気指数の低い客に限ってモデルハウスを見たがるものであり、意味もなく壁を叩いてみたりモデルハウスに展示してあるベッドに横になってみたりと、謎の行動が多いのも特徴だ。

このタイプにも、

「お客様、もう充分ごらんになって頂いたと思いますし、そろそろあちらのテーブルで打ち合わせをいたしましょうか」

もうおわかりだろう。多くの営業マンはモデルハウスの案内にはそもそも力を入れていない。いかに早く商談テーブルに着座させて、金の話をできるかが重要なのである。「金を持っていない、金の借りられない客を相手にするのは、お互い時間の無駄である」という姿勢が住宅営業マンの本質でもある。


（註1）……………新築住宅の建築費用は坪単位で計算されている。

被災地ではのらりくらりと説明している時間はない

建物の坪単価にも実は被災地ならではのカラクリが存在している。大手のハウスメーカーでだいたい50万~80万円/坪の所が多く、ローコストメーカーで40万円/坪くらいが一般的ではあるが、同じ住宅メーカーでも被災地で購入する場合と、他のエリアで購入する場合では、全く同じ建物を建てても金額は全然違ってくる。

その理由として、今回の様な震災では職人や業者も地元だけでは足りず、他県からも応援に来てもらわなくてはならないし、仕事が多い時は住宅メーカーも職人や大工の取り合いになる為、単価の安い所では仕事を請負ってもらう事が出来ない。

この為、被災地は下請け業者の単価が単純に高いのである。また、他県から来てもらうには遠方費も支払わなくてはならな

見積書に記載される「地域割増」(=地域対策費)。被災地の方が100万円以上も高いとは……

						0
他	産業廃処理費	240,000				
	防犯保証対策費	128,000				
	地域割増	1,099,800				
	地盤保証対応費	87,000				
	仮設費	73,000				
	長期優良住宅申請	143,000				
						1,760,800
届出	確認申請・設計監理に関する費用	278,000				
	構造計算料	0				
						278,000
	小　計	2,028,800	0	0		
	消費税	(8%)	162,304	C 合　計		2,028,800

D　その他費用

	項　目	確　定　概　算　別　途	計

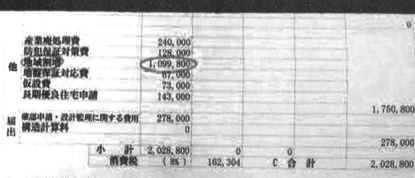

いし、原発事故のエリアということもあり「危険手当」を要求される場合もある。

ではこの費用はどこから出るのか？　当然、お客から頂くしかない。住宅メーカーによってその名目は言い方に違いはあるが、表向きの坪単価には反映されない「地域対応費」として諸経費に計上している。

地域対応費とは、まさしくその名の通りその地域に応じてかかる費用であり、全国規模の住宅メーカーでも、建てる場所によって金額やパーセンテージが変わってくるもので、同じものを同じメーカーで建てても、１００万円以上違う事もざらなのである。

「この地域対応費って何ですか？　何で１００万円もかかるんですか？」

お客から聞かれたら、我々は堂々と答える。

「これは被災地の特殊な事情によって発生する料金で……」

中には、一般の地域よりも被災地の方が料金が高いのはおかしいと突っ込んでくるお客もいるが、これはあくまで正当な料金。あまりくどくど説明せず、「これは被災地では仕方ありませんので」と遮るまでだ。

この被災地では夢を買いに来る被災者に、のらりくらりと説明している時間は無いのだ。原発避難者は、夢を買いに来るのではなく、とにかく早く住む場所を確保したいと現

実を買いに来る。

東電社員と原発避難者を〝二枚舌〟で商談に持ち込む

原発避難者のお客様は、一度は被災地で住宅購入の経験がある人が多く、中には新築したばかりで手放した人もいる為、住宅を新築する事自体に新鮮味を持っている人は少ない。そして打ち合わせに使う時間も面倒だという人も多い。例えば、事務所でお客と話をしていると、こんなことを言い出す人もいる。

「この後、約束があるんだよ。とっとと終わらせてくれない」

「でも、これは大事な契約のお話なので…」

「いいから。家は一度買ってるし、よくわかってるから」

契約後には、仕様決めがある。これは住宅購入者が通常一番楽しみとする場面で、「瓦の色はどうする、キッチンは、クロスは……」と家族全員で時間をかけて楽しむのが普通であるが、原発避難者はそういう作業すらめんどくさいと言う感じの人が多い気がする。おまけに現金は持っているので、「見積りはいいから、とにかくいい土地を見つけてくれ」という感じだ。金に糸目は付けないと言うのはいいが、やはり安い買い物ではないのでもう少し計画性を持って頂きたい気はする。

「本当にこれで大丈夫なんですか？」

あまりに何も聞かれないので尋ねると、

「大丈夫大丈夫。じゃあよろしく頼みますね」

こっちが不安になるほどだ。

ただ、住宅メーカー側からすれば、契約まで余計な仕事も時間も省けるし、負担は少ないのも事実である。地元の不動産・住宅メーカーも表向きは「地元の復興支援キャンペーン！　早期着工応援します！」と言いながらも地元市民そっちのけで目先の金＝原発避難者に群がるのはこの為だ。


住宅メーカー側も、購入者は行列を作るほどいる為、優先順位を考えなければならない。住宅の性能や特徴などどうでもいいのだ。

まずは商談テーブルに着いてもらい「①金はあるのか？　②土地は確保したのか？　③すぐに契約する気はあるのか？」この三つを確認させてもらうのが先決。

この被災地三拍子を満たしているお客様が、最優先客として扱われる。この被災地三拍子を全てクリアするのが、つまり原発避難者になるのだが、その中には多くの東電社員も含まれていることを忘れてはならない。住宅メーカーとしてはどちらも大切なお客様。双方の気分を害さない様に、商談では細心の注意が必要とされる。

「東電のおかげで故郷を奪われたんだよ。あいつらだけは絶対に許せねえ」

「お気持ちはよくわかります」

東電とは無関係の原発避難者は、やはり言葉の端々に東電への恨み節を口にする者が多く、東電社員は東電社員で肩身の狭い思いをこぼしながらの商談となる。

「私たちだって事故は起きると思ってなかったです。それに私たちも彼らと同じ故郷を奪われた被害者なんです…」

「お気持ちはよくわかります」

そして、我々住宅メーカーの人間は避難者との会話の時は共に東電を憎み、東電社員相手の商談の時は電力社員を労い同情するという、二枚舌を使った向き合い方で両者を商談のテーブルに乗せなくてはならないという因果な商売である。

いずれにせよ賠償金とは無縁のローンを使い土地から探しているという、いわば被災地における本当の弱者はその時点で商談中止となってしまうのが現実。こちらから後日連絡するという事でお引取り願い、その後営業マンからはなしのつぶてとなることが多い。

さらにはマイホーム購入が困難となった多くのいわき市民を尻目に、資金に余裕のある原発避難者の中には「うちは家族が多く、焼肉が大好きだから」と２００坪もある広い土地を購入して自宅を新築し、その敷地内に焼肉パーティー専用の「焼肉ハウス」も建ててくれなどと言う人もいるのだからたまげた話だ。買い手もこんな感じなものだから、売る側の感覚も少々おかしくなってくるのも確かである。

建築現場にすら行かない住宅メーカー営業マン

震災前の通常時は、住宅の営業マンは日夜お客様の自宅へ訪問し、やっとの思いで契約を頂くというのが普通であった。お客とはプライベートでも付き合い、相手から信頼を得て、初めて家を買ってくれるのだ。

だが、現在は訪問などしなくてもお客は来るし、会社からもこの時期に契約を取れるだけ取れ！　とハッパをかけられる為、お客の自宅に行く余裕はない。どころか、あまりの忙しさに現場は監督任せ。

契約が終わった後、営業マンは現場監督に言うのだ。

「申し訳ありませんが、僕は忙しくて建築現場には行けないので」

家を建てる時は、色々なことが起きる。資材の発注ミスから、図面の引き間違いまで。こうしたトラブルがあった場合は迅速に対応しなければならない。

さらには、お客の中にも細かい注文をつけてくる人もいるし、現場監督や職人も一癖ある人間が多い。良い家を建てるためには、住宅営業マンは建築現場に顔を出し、色々とコミュニケーションを取るのが基本中の基本なのだが。

「本当に来られないんですか？」

「時間が出来たら顔は出しますから。よろしく頼みますね」

実際、お客が住んでる家に一度も行かずして契約してしまうなどはまだいい方で、中には建築現場を地図でしか確認せず契約し着工に進む中、「地鎮祭」（註2）に行く時道に迷うという とんでもない営業もいる。この後に及んで、「ところで、建築地どこでしたっけ？」などと聞けるはずもない。

そこには高額商品を扱う接客業としてのおもてなしの心はなく、私自身、数をこなす為の工場の流れ作業の様に感じられることもあった。

お客様の一生に一度の大きな買い物に誠心誠意向き合い、共に喜びを分かち合うなどと言う理想のマイホーム作りなど、ここ震災マネーに取り憑かれた怪物たちにとっては臍で茶を沸かすような話でしかないのである。


（註2）……家を建てる際、建築地で行われる、工事の無事と安全、家の繁栄を祈る儀式

外構工事は会社を通さず、個人的にお客を紹介しリベートを

住宅建設に付随する、外構工事（家の外回りに関する工事）も当然業者不足により後回しとなる。ひどい所では、住宅が出来てから半年後に駐車スペースやブロック・フェンスの工事に取り掛かれる状況である。

これもクレームの要因の一つであり、業者不足により、仕事のやり方が素人同然のにわ

か業者も乱立して来る様になる。ただ、にわか業者なだけにこの忙しい時期に、すぐに仕事に入ってもらえるメリットは大きい。

「他県の暇な業者が『仕事ありませんか？』って営業をかけてくるんですよ。恐らく向こうじゃ仕事にありつけないような連中なんだろうけど、こっちはこっちで工期が遅れてますし。お客さんのクレームを避ける意味でも、使ってしまうケースもあるんですね」（いわき市の住宅メーカー社員の男性）

この建設ラッシュのさなか、暇な会社もどうかと思うが、仕事の中身は二の次でとにかく早くやってくれるだけでいいと言うお客も大勢いる。

更にこういう、稼げる時に稼げるだけ稼いで去って行く出稼ぎにわか業者は、住宅の営業マンに、個人的に紹介料として10万バック20万バックと甘い誘惑を囁くものだから、どんな仕事をするか分からない業者を、自分の小遣い稼ぎに使用してしまう営業マンも多いのである。

「要は、会社を通さずに、個人的にお客を紹介するんです。お客としても住宅メーカーに頼もうが、業者を直接紹介してもらおうが、やることは同じだから、お願いしますってなることが多いんですね。で、営業マンはその見返りとして、業者から紹介料をもらうわけ

です」（前出・住宅メーカー社員の男性）

もちろん、このリベートは業者が支払うわけではない。工事の見積金額にリベートぶんを上乗せしておいて、集金後にその上乗せ分をバックしてもらうヤリ口だ。この手の話しは昔からこの業界では珍しくないことではあるが、震災後はその額の大きさが良識の範囲を超えている場合が多い。

「紹介料は20万円くらいが相場ですね。住宅の営業マンとしても、右から左に業者を紹介するだけでお金が入ってくるんだから美味しい。当然、この副業は会社には内緒です。バレたら背任横領になりますからね」（前出・住宅メーカー社員の男性）

ただ、得体の知れないローテク業者は手付金をもらい仕事途中でトンズラする事もある為、そこからピンハネした営業マンは会社とお客に責められ破滅する者が数多いのも事実である。

そしてこのような状況、住宅を売る側の仕事も雑になり、契約を結んだお客との打ち合わせ内容や約束事も、テキトーな対応になる営業マンも多く契約後は立場が逆転し、クレーム対応で時間が割かれる事となる。

6——交渉とタカリは紙一重

約束の工期が守れなかった場合に、遅延損害金やサービスを強要

原発避難の被災者の賠償金は当然、住宅メーカーにも大きな利益を生み出してくれた。と同時に、クレームという厄介な問題も抱え込むことになる。

原発避難の被災者は震災前までは農家の家も多く、大きな農家住宅に住んでいた人が多いので、仮設住宅の様な小さな造りの居住空間ではとても大きなストレスとなり、東電の賠償が決まれば、ただちに新しい住居に引越しをしたいと言う人が多い。しかし、住宅の契約も着工も順番待ちの状況である。

原発避難者は、お金は使ってくれる上客ではあるが、住宅メーカーや不動産会社の人間からすると難しいお客様が多いのが、誰もが共通して口にすることだ。先日、私の住宅メーカーおとずれたお客は、工期のことを聞いた途端、怒り出してしまった。

「なんでそんなに時間がかかるんだ！　もっと早くできるだろ！」

「すいません。皆様お待ちいただいてるので」

「金なら出す。なんとかしてくれ！」

先にも述べた通り、狭い仮設やアパート暮らしからのストレスから、工期に関してはいわきの人間よりもかなり神経質である。当然気持ちを察するところでもあるが、なんせこの震災時期の建築ラッシュの業者不足、予定通りの工期で収まるはずもなく、これが被災地では大きなクレームへとつながる。

「●月●日までに家は完成することになっていただろ！　どうしてそれが遅れるんだ！」

「大変申し訳ありません！」

「ちゃんと責任は取ってくれるんだろうな！　こっちはそのつもりで予定まで組んでたんだからな！」

原発避難の方の場合、いかなる理由があったとしても約束の工期が守れなかった場合に、遅延損害金やそれに代わるサービスを強要してくる人が多いのも特徴としてあげられる（142ページ参照）。そしてお金は持っているのでオプションや注文も多く、この基準外の住宅仕様は現場を困惑させる。

会社のノルマと顧客の無理な注文の板挟みに。過労死した東北トップの営業マンの地獄

これだけ住宅需要が拡大し、建築業界やそこに従事する社員も恩恵を受けているにもかかわらず、それに伴って発生するクレームや忙しさにノイローゼとなり退職する住宅メーカーの社員も少なくない。

いや、限界を感じて退職出来ればまだいい方で、私の先輩で同業他社の住宅メーカーに勤める営業マン・中島氏（仮名、当時47歳、男性）は、会社のノルマと顧客の無理な注文の板ばさみとなり、２０１１年の10月に過労死をしている。

本稿では、中島氏の事件を明らかにしながら、被災地における住宅メーカー社員の地獄を見てみたい。

「会社が人を雇ってくれない」

この会社Ｘ社はローコストを主力に全国展開している誰もが知ってる有名メーカーで、

2013年には一部上場も果たした。そして、2014年のブラック企業にノミネートもされている企業である。現在は解散した元国民的男性アイドルグループのメンバーで、抱かれたい男ランキングの常連のCMといえば知っている人も多いと思う。

X社は、人件費を極限まで削減する事で低価格化を実現、他のメーカーの半分の人数で他社と同じ棟数をこなしており、その歪は従業員に跳ね返ってくる。生前、たまに会うと、中島氏は次のようにこぼしていた。

「会社が人を雇ってくれないんですよ」

震災の急激な需要増にもかかわらず、人員の増員は行われず、相当各営業の負担も増加した様であった。一人で年間20棟以上契約する、東北でもトップクラスの営業マンの彼は、「疲れた。客のクレーム対応で眠れない」と口癖の様に言っていたのを思い出す。

お客のことを一番に考えている彼は、私と話をしている最中も携帯電話は鳴りまくり、工期遅延のクレームやそれに代わるペナルティーを強要されているのが電話の対応を見れば察しがついた。

『申し訳ありません。お客様のお気持ちはわかるのですが、確かに契約書にはそのように書かれているので、当社としては…』

この会社のやり方は少々特殊で、どこの住宅メーカーも普通は図面の打ち合わせを詳細に詰めて決定してから契約するのが一般的だが、まずは契約客を確保するのを優先し、だいたいの坪数だけ決めさせて仮契約をさせてしまうのだ。また、着工が順番待ちの中、仮契約をすることによって着工の順番枠を確保できるというセールストークが定番である。「とにかく契約をして着工の枠を確保し、着工するまでたっぷり時間はあるので、図面は契約後にゆっくり打ち合わせしましょう」と言う営業手法で契約させてしまう。そして、契約時の条件でもある毎月会社が決めた「キャンペーン」と称したサービスが用意されており、その月に契約する事により、2階トイレだったり食洗機だったりと様々な特典がついてくるのだが……。

サービス品が無効となり、自腹で補填するハメに

しかしこのサービスには条件があるのだ。会社としてもやはり図面を確定させない事には工程も組めず建材の発注もできなければ工期も確定できない。

この為、特別サービスの適用条件として「契約後1ヶ月以内に図面や間取りを確定させて本契約をする」という事が、契約書の特約事項に小さく書かれている。「間取りは契約

後にゆっくりと打ち合わせしましょう」などと言っておきながら、実は契約後の翌月までには全てを決めなければならない仕組みである。

「でもね、それって難しいんですよ」

電話を終えた中島氏がこちらを振り返った。実はこれが多くの社員を苦しめていた原因で、普通どこの会社も図面は設計が打ち合わせをしたり図面を作成するところ、この会社はコスト削減の為、全て営業マンが行う。

設計部門は営業が作成した図面の最終チェックと確認申請を出すだけという、非常に簡素化されたやり方である。図面作成から仕様打ち合わせ、融資関係とあらゆることを営業マンが一人でこなすことになる。

しかし、仮契約を終えた営業は会社からは次の新規の契約を取れとハッパをかけられる為、契約した客との図面の打ち合わせなどに時間を割いていようものなら、会社から怒られる環境であったとの事。契約をして頂いたお客様を第一に考えて行動する社員はなぜか淘汰されて行ってしまうという、この業界全般に言える悲しい本質でもある。

そして、当然契約書にうたわれている「仮契約後、1ヶ月以内の正式図面確定」をする事が出来ずに、契約当初にお客様と約束したキャンペーンやサービス品は無効となりクレームとなる事が多いのだ。
「サービスは無効になりました。ほら、契約書にも書かれている通りですよ」と言っての
ける神経の太い営業マンもいるが、なかなか簡単にそんな事が言えるはずもなく、多くの
営業は結局自腹で補填する羽目になるのである。中島氏も同様であった。

休みなしで働いているので、一日ゆっくり休みたい

最後に彼と会ったのは、彼の会社でレクリエーションの一環として行われるソフトボー
ル大会の3日前であった。ソフトボール大会と言っても、業務扱いで必ず参加が義務付け
られており、大会場所も会社の東北本部のある仙台。集合時間が早い為、いわきからだと
明け方に出発しなくてはならないとか。
休み無しで働いているので、そんなものに参加するのなら一日ゆっくり休みたいともこ
ぼしていた。「大丈夫ですか?」と問いかける私に対し、彼は力ない笑いを浮かべてこう
言った。
「まあ、行ってきますよ」
これが中島氏と交わした最後の言葉となった。

もともと体育会系のこの会社はソフトボール大会時に休憩時間もろくに取らせてもらえず、大会終了後はまたもや強制参加の飲み会が行われ、その日泊まった郡山のホテルで深夜、急性心筋梗塞で帰らぬ人となってしまったのだ。享年47というまだまだ働き盛りの年齢である。

では中島氏が亡くなった原因は過労なのかどうか。それはおいおい明らかになっていくとして、まずはこのソフトボール大会について簡単に説明しておきたい。

同社のソフトボール大会は、業務扱いとはいえ、社内の親睦を深めるという名目で行われている。その意味では、中島氏が仕事中に亡くなったとは言えないかもしれない。

ただ、このソフトボール大会は会社の福利厚生PR用の撮影が一番の目的のもので、会社にとって非常に重要な意味を持っていたらしい。社員のために色々な催しをやってますよと、対外的にアピールしたかったようなのだ。

実際、インターネットにアップされたこの会社のホームページには、楽しそうに社員がソフトボールをしている姿が写っているが、実はその影には被災地の激務で休みも無く働かされて疲労困憊している中、強制的に人数合わせで参加させられて翌日死人まで出している事実は、お客様の誰も知る由もない。残された遺族ははらわたの煮え繰り返る思いだろう。

遺族が損害賠償を求めて東京地裁に提訴

話を戻そう。

その後、いわき市労働基準監督署がパソコンのログイン記録を元に確認したところ、彼が亡くなる前の半年間の残業時間は短い月でも83時間、最長で103時間に及んでいた。明らかな労働基準法違反である。

実際、彼の遺族は労働基準監督署の認定を上回る144時間～186時間であると主張し（直行、直帰でタイムカードに反映されない残業もある）、労災認定を受けると同時に、勤務していた住宅メーカーを相手取り1億4000万円の損害賠償を東京地裁に提訴している。

ているが、会社側は原告側の求めを全て棄却する様求めている。

もっとも、会社側に確たる根拠があったかというと、微妙な部分もあるようだ。中島氏が亡くなった後、彼の同僚から聞いた話では、損害賠償を請求されると会社側も弁護士を立てて、受けて立つとばかりに今度は残った社員から事情聴取を始めたらしい。

一人一人社員と面談し、「本人は休日出勤してても昼寝してたりしてただろ？　たまにパチンコに行ってた噂も聞くが、仕事中にもしてた事あるだろ？　車で昼寝してることもあっただろ？　お前らはここの社員なんだから……意味分かるよな？」と問われ、記録に残されたと言う。

本社から総務課長が弁護士を連れて来るとなると、休日にもかかわらず皆、強制出勤となり、その総務課長が顔を合わせるや否や「休みの日はきっちりと休む様に！　これは会社のためである」と。本末転倒もはなはだしい話である。

ちなみにこの会社、営業時間が朝9時から夜9時までの年中無休で、震災当日の3月11日も客の取りこぼしの無い様にと、本部の指示で社員を夜9時まで拘束していたというのだから尋常ではない。

当時のこの営業所の責任者である店長は、「会社側の発言をして遺族側と争うことなど、とてもじゃないができない」とすでに退職している（現在、遺族とX社は和解が成立）。

★

震災による建築バブルは「取れる時に取れるだけ取る」と言うノルマ至上主義に更に拍車をかける。

被災者の、自分達は「弱者」であると言う立場を全面に出してくる客も多いが、こうした背景も知った上で一生に一度の買い物に臨んで欲しいものである。

工期の遅れで「精神的損害」賠償を請求してくる

住宅の工事請負契約書には、必ず工事請負約款というものがあり、工事の遅れに関しては「遅延損害金」についてうたわれている。小さい字で数ページに渡り書かれている為、普通の客はいちいちそんなものを読むことはない。

しかし東電の、専門用語だらけの東電賠償請求書類で鍛えられている被災者には、工事請負約款の内容の把握くらいは朝飯前の事であり、工期が遅れようものならば、きっちりと遅延損害金を請求してくる（金額は1万円程度が相場）。

「ほら、約款のここに『工期が遅れた場合は遅延損害金を支払う』と記されてますよね。これは守っていただけるんですよね」

「…わかりました」

遅延損害金は契約書の約款にも記載されてるのでまだわかるが、中には工事遅延によりここでも東電の賠償金の項目にもある「精神的損害」までも請求して来る被災者までいる。

例えば、

「私は工期が遅れたことによって、精神的な損害を受けました。それに対して賠償金を支払っていただきたい」

「精神的損害、ですか」

「はい。予定していた日に引っ越せないことで、精神的なダメージを受けたんです。日常生活にも支障を来しています。その責任は御社にあります」

どこまで精神が弱い人達の集まりなのだろうか……。言葉とは便利なものだとつくづく感じる。無論、精神的苦痛や損害などという形の無いものは計ることができない。

「申し訳ありませんが、約款にも精神的損害に関する記載はありませんし、お支払いすることはできません」

「なぜですか？　こっちはあなたがたによって精神的損害を受けてるんですよ！　何も対応しないのはおかしいじゃないですか！」

原発避難者がよく口にする「精神的損害」。

「俺は被災者だ！　弱者だ」と、節操なく金やサービスの要求をしてくる一部の被災者を見ていると、恐怖を感じることさえある

いわき市では「着工」の順番まで金で買える

建築ラッシュにより、工期の遅れによるクレームの多いいわき市内の大手の住宅メーカーの中にはこの現状を逆手に取り、工期を急ぐ被災者には金で工期の優先順位を売る住宅メーカーもある。ある住宅メーカー社員の男性が言う。

「お客様の中に、どうしても早く着工したいという方がいたら、『余分にお金を払っていただけたら可能ですよ』と言うんです。で、相手がオーケーしたら、着工の順番を繰り上げると。相手の足下を見ているように思われるかもしれませんが、これは合法的なやり方なので問題はありません。金額は20万円程度が相場です」

中には「着工の順番をお金を払えば優先して着工します」と大々的にPRしている会社も数多く存在している。「早期着工応援します！」という被災地でよく聞くキャッチフレーズは企業努力ではなく実はあくまで金次第ということだ。

「新聞の折り込みチラシやネット広告でこの手のコピーを載せている住宅メーカーがあるんです。一見、早く着工したい人を応援しているように読めますけど、実態は違う。例えばこのコピーの意味をお客が聞いてきたら、先ほどとおなじように『実はお金を払えば着工の順番を優先的に……』と返ってくるんですね」（前出・住宅メーカー社員の男性）

震災当初は、多くの住宅メーカーが、震災需要と2013年の消費税の駆け込み需要が重なり、いわき市では着工が契約してから1年後くらいが当たり前。そしてまた、いわき市は金で着工の順番まで買うことのできる場所でもある。

「繰り返しますが、着工を早めるといっても、あくまで順番を繰り上げるだけです。仮に10人着工待ちがいて、うち4人がお金を払っていれば、5番目になるんですね。つまり、何日早まるかはわからない。それでも着工時期が早まることは事実なので、お客にとっては有り難いのかもしれませんが……」（前出・住宅メーカー社員の男性）

一面の真実をついている、石原伸晃元環境相の「金目発言」

2014年6月、石原伸晃環境相（当時）が、福島県に、汚染土壌を一時保管する中間貯蔵施設を建設する問題として、「最後は金目でしょ」の爆弾発言をしてしまい問題となったのはご記憶だろうか。当時、中間貯蔵施設の建設に難色を示していた福島県に対して、最終的は金で解決するだろうとの見解を示したのである。

発言だけ聞けば、なんとも許し難い内容ではある。福島県が中間貯蔵施設の建設に慎重なのは、原発事故による汚染土壌を引き取ることに対する不安、さらには、いったん貯蔵された汚染土壌が間違いなく処理されるのか、との疑問があるからだ。

が、被災地で生活し内情の分かっている者の間ではある意味、一面の真実をついていると言う人も少なくないだろう。古くは1960年代の原発誘致の時代から、今回の原発事故による賠償金まで、ことあるごとに東電と国に対してカネを要求してきた歴史があるからだ（155ページ参照）。

「あー、そこに触れてしまった……」と言う感じである。被災地のタブーとされる「金目発言」に過剰に反応し、「金ではない！」「被災者の気持ちを踏みにじる発言だ！」と攻撃的になる被災者は、一番触れられたくない部分に対する自己防衛にも見て取れる。建前社会であるこの国であの発言は、あまりにも直球過ぎたのかもしれない。

最終的にこの問題は、2014年8月には政府が3000億円規模の提示をし、福島県知事が双葉郡8町村長らと協議し合意に至り、結局は金で政治的要因が決まる事となる。石原氏が金目発言を取り消し、被災地を謝罪して回ったことによって、福島県側の態度が軟化したのも要因ではあったろう。

福島県知事も「苦渋の決断」とは言うものの、3000億円という金額の提示にはまんざらでもないという様子である。このお金によって財政が潤い、復興にも役に立つのは確実だからだ。被災者も、中間貯蔵施設を建てる代償としての金はいらないのかもしれないが、誠意の代価としての金なら受け取るのかもしれない。


ただ、表向きはこれで中間貯蔵施設の建設が確定したかの様に報道されているが、実はその地権者の交渉はまだ全然進んでいないのが現実である。

2015年、役所の臨時職員を辞めた知人から次の就職先が決まったとの連絡があり、その仕事内容を聞いてみると「中間貯蔵施設の地権者交渉」の仕事だと言う。

しかも短期の仕事ではなく、5年計画だというのだから、中間貯蔵施設なんてものは実はほとんど何も決まっていない、気の遠くなるような話の様である。

「2017年10月に大熊町と双葉町の中間貯蔵施設が稼働し始めましたけど、実際に買収できた土地は予定の4割程度なんですよ。地主にしても、なるべく高く売りたいから、金銭面で折り合いがつかないんでしょう。中には、中間貯蔵施設に反対していて、いくらお

金を積んでも『絶対に売らない』なんて人もいますしね」（地権者交渉を行う知人男性）

実際、用地交渉がおざなりなまま話だけが進んでいる点には、大きな疑問が残る。普通に考えれば、地権者が土地の売買に合意してから進めるべき話であり、マスコミの発表の先行により、世間ではまるで中間貯蔵施設は合意され、全てが決まったかのごとく写っているが、先行きは不透明なままだ。

地権者交渉が済んでいない段階で呼ばれても

地権者交渉というのは簡単なことではなく、いわき市内においても同様のことが言える。広大な面積のいわき市ではあるものの、そのほとんどが市街化調整区域と言って農業を主として居住用の建物は建てることができないところが大半を占める。

そこへ来て、この震災需要による土地不足となれば少しでもこの市街化調整区域を解除して住宅を建てられるように見直しを求める声が高まるのが自然な流れである。

いわき市の地価の急激な上昇と土地不足が問題となった2013年に、地元の金融機関主催のセミナーに住宅メーカーや不動産会社が集められ、役所の人間から調整区域の見直しについての説明会が開催されるということで私も参加することとなった。

役所からは、市街化調整区域見直しの候補地などを具体的に挙げ、そこを選定した理由や経緯も事細かく説明された。私を含めてセミナー参加者が皆、真剣な表情で聞き入った。

そして一時間半に及ぶ説明会が終わり、最後に地元の不動産会社から「ところでいつ頃を目安に解除される予定なんでしょうか？」との質問に対し、役所側は、

「いや、これから地権者へ交渉なのでまだ何とも……」

会場はざわつき、席を立つ者もいた。市街化調整区域と言えど、宅地造成するには民間の開発業者に買い上げてもらわないと開発ができない。それ以前の地権者交渉すらまだなのだから何も決まっていないに等しいのだ。

その後、市街化調整区域の土地所有者が集められ、地元説明会で土地を手放してもらいたいと話しをしても、民間の開発業者との間における売買価格が宅地開発を前提としたものでなく、市街化調整区域の価値として求められた為、交渉は決裂している。

一般の市街化区域であれば市場価格で取り引きされるのが当たり前であるが、本来二束三文の市街化調整区域となると間に入る開発業者が安く買って高く土地を転がしたがる傾向にあり、話が前に進まないのである。市としては、売買価格については関与できない

為、価格で折り合いがつかなければそれまでの話となってしまうのだ。

浪江町の「賠償金のおかわり」をめぐる騒動

賠償金の増額交渉で有名な話の一つに、浪江町からは避難解除（政府が避難指示を解除し、自由に戻れるようになること）を要請せず、移動生活に伴う精神的な苦痛に対する賠償金を「月に10万円から35万円にせよと東電に要請」という〝騒動〟がある。

当時、政府は浪江町の避難解除を検討していたのだが、それが現実になると一人につき月額10万円の賠償金が支払われなくなる為、浪江町は避難解除を要請しないことを決めると同時に、東電に対してこの賠償項目の増額を要求したのである。

「もっと、もっと、これじゃ足りない……」

今迄も、机を叩けば叩く程、要求すれば要求する程、要望をかなえてきた。

浪江町も、いきなり10万円から35万円になるとは思っていまい。落とし所はおそらく15万から20万くらいに考えての事であり、そこにはなんとなく妙な駆け引きを感じてしまう。

浪江町民のある女性は言う。

「この一件については、住民の間でも議論がわかれているんですよ。現在の月10万円という金額は少ない、この要求は当然だ、という人もいる一方で、お金の話ばかりで恥ずかしい、それよりも故郷に戻れる議論をしよう、という住民もいます」

ただ、この浪江町の「賠償金のおかわり」をめぐる騒動は、それまであまりクローズアップされて来なかった、原発避難者の補償金問題というものを、世間が疑問視する大きなきっかけにもなったに違いない。当時、この一件は大きなニュースとなり、被災者と言えども行き過ぎではないか、との批判を呼んだからだ。

「一人当たり35万円ということは、4人家族の月収が140万円です。批判を呼ぶのもわかりますけど、我々としては家を失って別の土地で暮らしていますし、いくらお金があっても足りない。その実情も理解してほしいですね」（前出・浪江町の女性）

そして、もしここで浪江町が成功事例を出すことができれば、他の町も一斉に賠償金のおかわりを要求してきた事であろう。別の言い方をすれば、東電との「交渉」になるのかもしれないが……。

浪江町のホームページをみると、「損害賠償に関する東京電力との交渉経過」が詳しくアップされている。興味ある方は覗いてみてはいかがだろうか（結局、この要請は東電が拒否、増額とはならなかった)。

加害者が補償の基準を決めるのはおかしい

このとめどない補償金請求の助長に、実はその背後に「賠償金弁護士」も大きく加担している。上限が定められていない原発事故の賠償金においてプロの交渉人にとっては、被災地は巨大なマーケットとなるのだ。

彼らは被災地の避難所や集会所などで、賠償金請求の無料相談会を実施。そこに集まってきた大勢の被災者を前にして、「加害者が補償の基準を決めるのはおかしい。補償額は一人一人違い、個別に請求するべきだ。直ちに弁護士に相談しよう!」と捲し立てる。

その弁護士の多くは、金利のグレーゾーン撤廃の過払い請求により、いくつもの消費者金融を廃業に追い込んだ「サラ金弁護士」と呼ばれる人達である。

ようやく落ち着きを見せた過払い金請求によるサラ金バブルの次は、原発賠償訴訟特需の東電バブルと言う訳だ。東電側も当然、賠償交渉となれば優秀な弁護士を通じて少しでも賠償金を抑える事を考える為、もちろん被災者にとっては心強い味方となる。

前述の弁護士による「原発事故損害賠償請求のための無料相談会」も大盛況。日本弁護士連合会が出版した「原発事故・損害賠償マニュアル」も飛ぶように売れている。弁護士業界も債務者から被災者へと乗り換え、総額およそ10兆円規模とも言われる賠償特需に乗り出した。

「実際、彼らに頼めば放っておいても賠償金が支払われることになるんです。弁護士料は成功報酬なので、結構な料金は取られますけど、私たちにとっては有り難い存在ですね」（双葉町民の男性）

そして、交渉や駆け引きの成功体験が染み付いたその被災者の交渉力は住宅購入においても猛威をふるった。住宅がクレーム産業と言われているとは言っても度が過ぎたサービス強要は担当者を困惑させる。

しかし、悲しい事に現実は何も言わない控えめな人よりも、言った者勝ちだと言わんばかりの図々しい客の方が結局いい思いをしているのも現実である。

このように、いろいろな交渉事を乗り越えて、「原発御殿」はいわきの一等地にどんどん建築されて行くのであった。

原発関連の弁護士費用の相場（依頼弁護士によって多少の差異あり）

①東電への直接請求（書面や電話のみで東電に交渉）

着手金　１名当たり３万前後＋消費税
報酬金　賠償額の３％＋消費税

---

②ADR申立て（191ページ参照）

着手金　直接請求と同額
報酬金　賠償額の５％＋消費税

---

③裁判（訴訟提起）

着手金（請求額3000万円超３億円以下）
賠償額の1.5％＋20万前後＋消費税

報酬金（請求額3000万円超３億円以下）
賠償額の３％＋40万前後＋消費税

事故が起こらなければ補償金は丸儲け、起こってしまうと大赤字

ちなみに前述の原発御殿、2度目の方も中にはいる。1度目が原発誘致の際の補償金で、2度目は原発事故の賠償金で建てたものである。前者を説明しよう。

東京電力は1960年代の初めから、福島第一原発の用地買収に乗り出し、300人近くの地権者に当時のお金で5億円を提示して了解を得ている。当時の貨幣価値は今の4・5倍程度だから、現在のレートだと平均で一人につき750万円弱を手にしたことになる。

そして各漁業協同組合は1億円の補償を得て共同漁業権を手放したのである。原発が稼働すると、海に排水が流れ込むため、周辺海域で漁をしていた人たちに対しても補償をする必要があったのだ（ただし、漁業権を手放しても漁をすることは可能）。

その後、東電の補償という不労所得が入り、これまで通り漁も続けられた漁師たちは、海岸線にある自分の家を建て替えたり、大規模リフォームする者が続出。この原発マネーで建ち並ぶ家屋を当時は原発御殿と呼んでいた——。

実はこの「漁業補償」というのは、莫大なお金が流れ込むもので、福島第一原発の建設

から始まり、第二原発の建設から増設計画の度に浜通りの漁業協同組合は、その目の前の海の漁業補償を受け取ってきた。

最後にこの漁業補償を受け取ったのが、2000年で福島第一原発7号機・8号機建設（122億円）と広野火力発電5号機・6号機増設（30億円）計画の総額152億円。

この補償金は漁業協同組合から組合員に分配されて、その金額は正規組合員で一人当たりおよそ4000万～5000万円と言われている（お金は計画段階で支払われる）。しかし結果として2013年3月11日、地震と津波により家や船などその全てを失ってしまい、実際に原発事故が起こってしまうと当然海は汚染されて漁は出来なくなり、一人当たり4000万～5000万円程度の賠償額では全く足りなくなってしまう。

「東電に騙された、国に騙された」と言うのも気持ちは分かるが、そもそも原発事故は起こらないという可能性にかけて、原発を誘致し大金を受け取った訳であり、100%安全であればその様な莫大な金を払う必要もないし受け取る必要もない。

事故が起こらなければ補償金は丸儲け、起こってしまうと大赤字の為、ある意味「原発誘致」というギャンブルに負けたと言う言い方の方が正しいのかもしれない。

1991年12月26日付け『朝日新聞』にも「財政悪化の福島県双葉町『原発増設を』と要請　周辺市町村反対の声」との見出しの記事がある。誤解をおそれずに言えば、双葉町は今回の原発事故による被害者であると同時に、原発を積極的に誘致してきた加害者という側面も持っているのだ。

そう考えると原発に賛成して積極誘致し、結果原発ギャンブルに負けた人の補償よりも、反対し続けてきたのにもかかわらず被害に合ってしまった、近隣の市町村の人達の補償を優先に考える必要があるのではなかろうか。原発から30キロ圏内という支払い基準はさておくとしても、彼らは純粋な被害者であるのだから。

このように補償金の対象となる人、ならない人。

また、今回の原発被災者を見ているとなんとなく昔からよく聞く計画道路や高速道路の建設にたまたま引っかかった道路成金と共通するところも感じる。

計画道路の立退きにより、いきなり大金を手にしてしまった成金農家が、アンバランスにブランド物に身を包んで高級車に乗り込み、移転先の代替地に豪邸を建てながら「勝手に道路を計画されて先祖代々からの土地を奪われた〜」と嘆く者と、原発事故によって多額の賠償金を手にしながら「東電に生まれ故郷を奪われた。我々は故郷に帰りたいだけだ」

と涙ながらに話す者。

一方、あと少しの所で計画道路から外れてしまった為に、先祖代々の土地を守る事は出来たが、大金をもらい損ない「なんでオラの所は道路から外れてるんだー」とがっかりする者と、震災当時、いわき市内に留まることはできたが、後に賠償金をもらい損ない「なんでいわきは避難区域から外れたんだ」と肩を落とす者。どちらが良かったかはその人の価値観次第。

ただ、早期帰還を望む人の中には純粋に故郷へ帰りたいと望んでいる人も少なからずいるのも事実である。「町民の集まりでは、常に賠償金の話が中心で呆れるばかりだ」と、賠償金目当てに帰還を遅らせる考えは同じ被災者として許せないと、このような駆け引きに異を唱える人もいることも忘れてはならない。

原発推進派から反対派へ。前双葉町長・井戸川克隆氏の転身から見えるもの

事故前、双葉町では原発を必要としていた

みなさんは「双葉から遠く離れて」という映画をご存知だろうか？　今回の原発事故に

より全面立入禁止の警戒区域となった、双葉町のドキュメンタリー映画で、前双葉町長の井戸川克隆氏が、財政破綻した双葉町を救う為に原発の7・8号機を積極誘致した原発推進派だったが、安全だと信じきっていた原発が爆発し町民が被爆。避難して行く中で大きく考え方が変わっていく姿や、町民1400人が250キロ離れた埼玉県の高校に避難した様子がリアルに写し出されている。

映像自体も素晴らしく、この映画のポイントは被災者がただ単に原発事故の可哀想な被害者という描写ではない事。1960年代から高度経済成長の中、原発誘致にGOサインを出し続けて来た日本人と被害者と言われている双葉町民自体も、その加害の一端を大きく担ってきた真実。

そして、そのしっぺ返しとも言える様な取り返しのつかない現実を全て政府や東電のせいにする方が楽だから責任を追求する……実は、この取り返しのつかない原発事故に自分達も大きく加担していたという「不都合な事実」を語り、原発避難者自らが客観的に自分達の過去を見つめ問題提起するという深い内容となっている。

原発が相双地区の財政を支えてきたのは周知の事実であり、福島県民の共通認識でもある。福島県はもともと、財政的にはとても貧しい所で、過去にアメリカ人技術者の内部告発によって表面化した、東京電力の意図的な自主点検記録トラブルの改竄、隠蔽事件（東京電力原発トラブル隠し事件）発覚が起因し、90年代は原発増設が困難な状況であった事で、どんどん財政難に追い込まれていった。

　中でも、双葉町の財政難は危険水域に入っており、２００８年度の決算では借金返済の重さを示す実質公債費比率が基準値25％超の29・4％となり、「早期健全化団体」に指定される事によって、更なる原発増設を要望して行く。小難しい表現で恐縮だが、要は、このままだと借金返済ができず、財政破綻してしまうので、原発を増やしてお金を得るしかないと町が判断したのだ。

　当時、原発を増やせば交付金（国や公共団体が、法令に基づき他の団体に交付する財政援助資金）がもらえ、発電所で雇用も生まれと、いい事づくめであった。原発事故前、ここ双葉町では原発を必要としていたのは紛れもない事実であった。

　大熊町と双葉町の就業人口の約35〜40％が東電社員、もしくは東電関連・原発関連の仕事で生活してきた。いわき市民が賠償金を巡り、これほどまでに大騒ぎするのには、原発避難者の多くが今までは原発を必要とし、間接的にでも原発と深く拘わって生活してきた歴史を知っており、ある意味原発エリアの住民は東電の関係者であるという共通の認識があるのにも原因があるからなのだ。

避難先を埼玉県にした事が住民分断の悲劇をもたらす

漫画「美味しんぼ」の鼻血のタラタラシーン（註1）で有名になってしまった前双葉町長の井戸川氏は、義母家族も双葉町民の為、私も以前から聞いているが震災前からあまり評判はよろしくなかった印象がある。

一方で、だれもやる人がいなかったから町長となって、たまたま震災になってしまって気の毒だと言う人も多い。更に、避難先をなぜか埼玉県にしてしまい役場機能も埼玉であり続けた事が住民分断の悲劇をもたらしてしまった。

「当時の町民は埼玉派と被災地残留派に別れていたんですよ。町長を信じて埼玉についていく者も多かったんだけど、あくまで被災地に残って復興を進めるべきだとする人たちもいたんですね。ただ、震災から時間が経ち、復興が進むにつれて、埼玉派と被災地残留派の人達はお互いの意識の共有ができなくなっていった。やはり、埼玉と福島とでは距離がありすぎますからね」（双葉町民の男性）

結果論ではあるが、他の原発避難者の町は比較的被災地の近くに避難所を作ったので、生活再建も速やかに行われたのに対し、後に町民の多くはいわき市に戻る事となる双葉町民は避難先が遠方と言う事もあり、間違いなく、他の町よりも復興の置いてけぼり感は否めない。前出・双葉町民の男性が続ける。

「放射能の危険があるから原発から遠く離れよう、という井戸川さんの基本的な考え方は理解できます。かつては自らが原発推進派だっただけに、余計にその思いは強いんでしょう。ただ、町長であれば、復興を目指して被災地に留まる町民にも目を向けるべきだったんじゃないでしょうか。少なくとも、ずっと埼玉に留まっていても何も始まらない」

その後、井戸川氏は放射性廃棄物中間貯蔵施設の問題をめぐり町議会と対立し、町議会は町長不信任決議案を議員8人の全会一致で可決。中間貯蔵施設の建設に反対の立場を取る井戸川氏が協議会を欠席したことが原因だった。

そして、井戸川氏は町議会を解散し退任することになった。その後の井戸川氏は奇行が目立ち、あの鼻血のパフォーマンスも自分の主張が受け入れられない最後の悪あがきからなのか、と思えるほどだ。

「新宿西口での街頭演説では、『政府は東日本大震災の8日前に、地震・津波がある事を知っていた⁉』という、何かのトンデモ本で読んだ事がある様な謎の演説も有名ですよね。町長時代はそれなりにきちんとした人だと思っていたんですけど……あの演説を聞いて印象が変わったことは事実です」（前出・双葉町民の男性）

町長を辞任してからは、衆議院議員選挙にみどりの風から比例区で出馬するも、党の獲得議席がゼロだった為、落選。また、福島県知事に立候補したが落選。双葉の親戚達も、「彼が知事になったら大変な事になる。その前に自分のしたことの責任を取るべきだ！」と大騒ぎであった。

（註1）………漫画の中に実名で登場し、被ばくの影響で「私も鼻血が出ます」と言い切ったことで、作者の雁屋哲氏とともに批判を受けた

この後に及んで原発推進するはずもない

原発事故前までは町の財政難救済の為とはいえ、東電に7、8号機の原発増設を働きか

け、プルサーマル計画（註2）を推進した張本人であり、彼を生涯絶対に許さないと言う双葉町民も実は多い。

3・11以降、本人は自分達を反面教師にこれを最後にしなくてはならないと反原発を訴え「井戸川氏は180度変わった。人はきっかけさえあれば変わる事が出来る。この事故を教訓に多くの人が変わらなくてはならない」と、彼を賞賛する様な声もあるが、よほど空気の読めない人間でもない限りこの後に及んで原発推進するはずもないであろう。

単純にばつが悪い手前「誘致した自治体にも責任がある。反面教師にして欲しい」と言うしかないし、これが彼なりのベストアンサーなのではなかろうか。

震災前から震災後の彼の一連の行動を見ても、考え方の浅はかさを感じざるを得ない。震災前は原発マネーにどっぷり依存し、事故後は福島県内は危険だ、放射能から逃げろと、ただやみくもに遠くへ遠くへと埼玉県に町民を避難させ、町長は埼玉県に残り続け、風評被害と戦い復興を進める福島県民とは意識の共有が出来ず、中間貯蔵施設にも最後まで反対してきた。

原発増設を推進して金をもらい事故後もまた金をもらい、中間貯蔵施設だけは他の場所にお願いしますなどという都合のいいわけにはいかない。被災地の長で唯一ヒーローになれなかった男、井戸川氏。次はどこに向かって行くのだろうか。

（註２）…………原子炉の使用済燃料を再処理し取り出したプルトニウムとウランの混合燃料を原子力発電所（軽水炉）で使う計画

7 ―― 被災地の噂

原発避難者を狙う結婚詐欺師

賠償金を手にした独身男性には、ソレ目当てで近寄ってくる女性も少なくない。いわきの言い方だと「原発ジッチ（じいさん）」はいわきの「金無しバッパ（ばあさん）」のターゲットとなる。賠償金は、被災地の〝シニア婚活ブーム〟にも火をつけた。

また、仮設住宅には震災後、中年の男性と（フィリピンなのかタイなのかわからないが）東南アジア系の若い女性が住んでいるのもよく目にした。いわき市内の飲み屋で働くオネーチャンを金に物を言わせてひっかけ、そのまま家に引っぱり込むパターンだ。

そこに愛があるのかどうかはわからない。義母の仮設住宅と同じ敷地内に住む独身男性も、震災後にフィリピンの女性と生活を始めたのだが、車の免許を取らせて車も買い与えてあげたら、そのまま何処かにいなくなってしまったなどと言う話もある。まぁ、お互い合意の下に、楽しく過ごせれば、きっかけがたまたまお金なだけで、問題はないのかもしれないが……。

間取りの打ち合わせ等はご主人が蚊帳の外

私の住宅メーカーのお客様にも賠償金で繋がった風のご夫婦がいた。このお客様は年配ではなかったが、奥さんがいわき市の被災していないバツイチ子持ちの29歳で、ご主人が原発避難者で初婚の45歳。

ご主人は津波により、両親を亡くしている。どういうわけか打ち合わせは奥さんの母親も必ず同席で口は出すけど金は出さないタイプ。

住宅資金は全てご主人が出すとの事。もちろん原発の賠償金からである。土地の手付金で１００万円を支払い、建物の契約も締結してからその後打ち合わせにはご主人が来る事がなくなった。

「最近ご主人をお見かけしませんけど、どうかされたんですか？」

私の問いかけに、奥さんが応える。

「いいのよ。あんまり興味ないみたいだから。そんなことより、いい土地を手に入れてくれてありがたいわ」

土地は被災者のみ購入することが出来る調整区域の土地である。「市街化調整区域」とは通常、住宅を建てることができない場所で土地の評価額も低い為、売買金額も安価で取り引きされるのが普通だが、諸条件を満たすことによって例外的に建築を許されるもので、震災後は条件を満たす被災者に限っては購入し、建築することが可能な場合がある。

この為、この市街化調整区域は他の土地と比べて格安で手に入る、これもまた被災者の特権でもある。今回もタイミングよく調整区域の売り情報が入り、被災者のご主人もこれに該当した為、すぐに手付金の１００万円を払って土地をおさえたわけである。

「それでは奥様、建物の方を検討しましょうか」

そして、被災者であるご主人のお金と被災者であるご主人の特権で格安で手に入れたこの土地で、義母も住む二世帯住宅の計画を進めることになった。しかし、間取りの打ち合わせ等は相変わらずご主人は蚊帳の外で、金は出さない義母の要望をふんだんに取り入れた新築計画が進められるのであった。

あまりにもご主人不在で話しが進んでしまう為、こちらも気になり「ご主人の要望を取り入れなくて大丈夫でしょうか？」と聞くと、「そんなこだわり無い人だから大丈夫よ。あっそうそう、創価学会員でなんだかよく分からないけど小さな変な仏壇に向かって毎日おがんでいるから、それ置ける場所だけあればいいんじゃない」とトイレの横に仏間スペースだけ指定され、この「黒い家」の新築計画はどんどん進んで行くのだった。創価学会員であるご主人は、自分の居場所ははともかく、仏間の確保だけは主張していたようだ。

母も娘も借金延滞の記録がある、ブラックブラック

そんなある日、突然ご主人から電話が入り解約したいとの申し出があった。理由を聞いてみると、ご主人はため息を漏らした。

「私は騙されていたみたいです。私の預金から親の遺産まで、何から何まで全財産を妻に預けておいたんですが……」

結局奥さんと奥さんの母親に勝手にお金をどんどん使われ預金残高がいつの間にか激減していると言う。お金が目的だった事に今更になって気付いた様子で、離婚する事にしたらしい。

話はまだ終わらない。この母娘、離婚が決まっても、夢が膨らんだマイホーム計画が諦めきれずに、今度はご主人抜きで母親と娘の連帯でローンを組んで計画を進めようとしたのだ。

「問題ありませんよね?」

「……やってみます」

しかし、被災者であるご主人がいなくなった今、購入予定の被災者限定の土地はもちろん買うことはできず、一般のいわき市の土地は高騰し手も足も出ない状況。オマケに母親は過去に借金延滞の記録があるブラックで、娘もブラックの、ブラックブラックという事で、結局どこの銀行も融資が通らず断念。

被災者という強い味方を失った二人には住宅を建てる夢は現実とならなかった。その後、奥さんと母親が解約手続きに来て最後に私に言った言葉が「土地の分として入れた手付金の100万円は、旦那には戻ってこないという事にして自分達の方に返金して欲しい」と。最後まで金、金、金である。もちろんお断りしたが。

仮設住宅に住みながら、賠償金で遊ぶ者たち

住むところを失い賠償金で新たに新居を求めるという事は当然の事でもあり、その為の賠償金でもある。また、そういう金の使い方ならまだ堅実な方でもあるのかもしれない。中には、国が家賃無料で提供する仮設住宅に住みながら、賠償金を遊興費に使ってしまう者もいるからだ――。

あくまで仮設なのでいずれ出ていかねばならない

本題に入る前に、まずは仮設住宅について説明しておこう。

震災当初、避難者の受け入れ先として、いわき市内のあちこちに平屋の仮設住宅が一つの分離された町の様に建設されていった。仮設住宅は以前住んでいた町ごとにコミュニティをつくり建設されており、一つの集落は20～30戸ほど。比較的高齢者が多いが、もちろん若い夫婦や家族で住んでいる者も沢山いる。

ここには、同じく賠償金をもらっていても事情があってすぐには住宅購入に踏み切れない人や、高齢の為、今更新居を構えるのが億劫になり動かない人。また、住宅に金を使うのがもったいないと、さらさらその気のない人達と、住んでる理由は様々である。

部屋は少々狭く部屋数も少ないが（狭めの２ＤＫ程度）、電気、ガス、水道はもちろん、シャワー、トイレ、キッチンと、それなりに設備も整っており、普通に生活する分には支障はない建物ではある。ただ、無期限でそこに住み続けることはできないし、あくまで仮設なのでいずれはここを出て行かなければならない。

２０１５年頃からようやく、市や県の復興住宅（註１）が建設され始めたが、まだまだ時間はかかりそうである。市営の復興住宅はもちろん原発避難の方の受け入れもしてはくれるものの、市営の為、住民票をいわき市に移さなければならない。

原発避難者は、賠償金の関係で住民票を移すことができない者も多い為（中には打ち切りになる賠償金もある）、これがなかなか難しい。そこまでしていわき市民になる覚悟があるであろうかは疑問である。

できれば今のままが居心地が良い状況であろう。ちなみに、県営の復興住宅であれば、住民票の移動義務はない。

（註1）……災害によって住宅を失い、自力での再建が難しい人のために自治体が設置する公営住宅。正式名称は災害公営住宅

震災後はいわきレクサスが販売台数全国一位

一部の週刊誌などに取りあげられたが、震災後の当初は仮設住宅の駐車場には、建物と不釣り合いな、ベンツ・レクサス・BMWなどの高級車が並んでいるのも事実であった。

もちろん東電の賠償金で購入したものだ。

しかし現在の仮設住宅にその姿はない。震災から8年という月日が経ち、現在、仮設住宅に残っているのは高齢の被災者ばかりで、多くの方は土地・建物を購入し、新しく生活する場所を既に確保しているからだ。

「要は、引っ越し先のガレージに収まっているんですよ。試しに原発避難者が多い新興住宅地に行くと、ベンツやレクサスがたくさん走ってますからね。まあ今となってはどれが彼らの車かわかりませんけど……当時、高級車がバカ売れしてたことは事実です」（いわき市民の男性）

現に震災後は、いわきレクサスが販売台数全国一位を獲得しているとの事。個人の金で何を買おうが自由であるが、ただこういう目に見える贅沢品がいわき市民を刺激してしまう。

当初、いわき市民は原発事故後一時金としてわずかなお金が支給され賠償金は終了。かたや２０１１年10月からは赤ん坊から年寄りまで毎月一人10万円の支給。

５人家族なら毎月50万である。また、家賃補助、医療費免除、所得税・住民税無税、自宅・田畑の賠償金、精神的損害賠償などある意味当然の権利でもあるが、いわき市民との待遇の差が大きすぎた事で恐ろしいくらいの妬みとなり被災者を攻撃する。

相双地区の住民を移民扱いし、差別が生まれる。事の発端は、前いわき市長・渡辺敬夫氏の「パチンコ発言」である（別名、正直発言とも言われる）。

毎日のようにパチンコに通う被災者

『河北新報』によれば、2012年4月9日、前いわき市長の渡辺敬夫市長は記者会見で報道陣にこう言ったという。

「東京電力から賠償金を受け、多くの人が働いていない。パチンコ店も全て満員だ」

ややわかりづらいが、地元の人間には次のように聞こえるのだ。

〈原発避難者で仕事をしていない人もいる。いわき市民は賠償金も少額でみんな仕事をしている。そんな中、パチンコ店は被災者で……〉

このコメントが、いわき市民に火をつけてしまった。

被災者の中には、賠償金で夫婦して仕事もせずに朝からパチンコ屋に並ぶ者もいるが決して全ての被災者がこのような荒んだ生活をしているわけではない。

パチンカーの中には当然、被災者だけではなく原発の作業員や除染作業員、他県から応援に来ている職人さん達も多く含まれているはずである。

しかし、パチンコ発言だけが一人歩きし、リアルやネットで避難者を揶揄する発言が増え始めたのだ。

「被災者がニタニタしながら車の中で通帳を眺めているのを見た」

「仮設住宅にタクシーを呼んでパチンコに向かっている被災者がいる」

「近所のスーパーに被災者の年寄りが、買い物かごに札束を入れて買物に来た」

「ファミレスのセルフのドリンクバーで、金払うから持って来いと騒いでいる被災者がいた」

「窓から札をヒラヒラさせながら、セルフのスタンドで給油をさせていた」

「仮設住宅の敷地から、サングラスをかけたじいちゃんばあちゃんがベンツに乗って出て来た」

などなど、まるで都市伝説のような挙げたらキリがないほどの成金伝説や、噂話もたくさんある。

以前は、朝からパチンコ屋などに並んでいるのは、パチンカーか年金暮らしの老人と相場が決まっていたが、震災後はここに被災者も加わり、私の義弟達も「仕事も決まらず、毎日が辛い」と精神安定剤を飲みながら、毎朝同じ境遇の仲間達とパチンコ屋に出勤している。しかし。

競輪なら同じギャンブルでもいわき市の収入に

ここで話は逸れる。ギャンブル場と言えば、いわき市中心部に「平競輪場」がある。ここは震災直後いわき市の支援物資の受付け場所であり、ガソリン不足などの理由から、物は集まっているのに避難所になかなか配布されず、人々が本当に必要としている時に競輪場に支援物資が山積みにされ、問題となった所でもある。

頂いた物にケチをつける訳ではないが支援物資といっても、とてもありがたい物から、「?・」マークの物までピンからキリまである。ウェットティッシュやハンドクリーム、カミソリ、爪切り、綿棒……数多くの思いやりのある物を届けて頂いた中、明らかに不用品と思われる物が着払いで送られてくるケースもあった。

使用済みの下着や、地球儀、大きなダンボール5箱に野球のグローブやらスパイクやユニフォームなど。せっかく送ってもらっても、野球チームを作って楽しめる状況ではない。ワイシャツにネクタイ……被災地ではあまりそういう服装の人はいない。使用済みの下着に関しては酷い物になると、股の部分の黄ばんだ使用済み感全開の物もある。

悪意はないのであろうが、せっかく頂いても活用できない残念な物もあった。我々はもしこれから先、支援物資を送る機会があった場合の教訓にしなくてはならないと思っている。

話を元に戻すと、競輪なら同じギャンブルでも売上げの何％かはいわき市の収入になるので、もし避難者で賠償金をパチンコにつぎ込む方がいるのなら、せめて公営競技の競輪にして頂きたいものだ。これなら巡り巡っていわき市民にも賠償金が還元されるので原発避難者との軋轢が多少は改善される可能性がある、かもしれない。

いわき市役所の入り口には「被災者帰れ！」の落書き

震災から4年後の2015年3月11日。この日も震災の報道特別番組が各局で放送されていた。その中でフジテレビでは、珍しく賠償金を給付された家族のその後の生活を追った映像が流された。

昼間の番組だったのでご覧になった方も多いと思うが、当時双葉郡から避難してきていわき市内の仮設住宅に住んでいる4人家族のとんでもない暮らしぶりが映し出されてしまった。

インタビューでは、家族でディズニーシーへ（高級ホテル4泊5日）旅行に行ったことや、高価な家電製品の数々、子供一人1台の3DS・プレイステーションなどを紹介。そして現在も無職の両親2人は、総額6500万円に及ぶ通帳を見せながら、

「こんなに大金が入ったら仕事する気もなくなる〜」

「2人とも無職だから、子供達もニートにならないか心配です〜キャハハ」

と、被災地の珍場面特集かとも思わせる、ほとんど放送事故レベルの地元の人間からすれば、あまり全国に放送してほしくはない映像であった。

局側にどんな意図があっての放送だったのかは不明だが、前半の素晴らしい内容を全てぶち壊すようなものであった事は間違いない。

噂というのは怖いもので、一部にこういう人がいると、あたかも原発避難の被災者がみんなこのような生活をしている様に伝わるものである。

確かに病院に行けば確実に患者の数は増えており、避難者の老人が日課の様に通院して

来て、「アハハ！　オホホ！」と談話室状態。本当に具合が悪くて来ている人達が診察の前に帰りそうな勢いだ。

平日ランチに行けば、数人で昼間からビールを飲みパチンコの話が終わったと思いきや、次は「復興が遅い！」といきなり話題が変わる。誰がどう聞いてもそっち方面（双葉郡）の人たちには違いない。

〈何であいつらは遊んでるんだ？　俺たちは働いてるのに〉

〈俺たちとあいつらはなぜこんなに差があるんだ？　同じ

「被災者帰れ」と落書きされた一件は、新聞でも報道された（『毎日新聞』2013年5月24日付）

被災者なのに〉

これが一部の被災者の本音だ。

高校受験の子供を持つ親は、「子供が増えて倍率が上がってしまう」などとボヤいている。実際避難者を受け入れた、いわき・郡山・福島・会津《あいづ》の高校の倍率は跳ね上がっている。更に言わせてもらえば、避難者世帯は子供の塾・教育費等にかけられる金額もレベルが違うので自ずと子供の学力も高くなる傾向にある。道路では、避難者が賠償金で手に入れた乗り慣れない高級スポーツカーのハンドル操作を誤って事故も起きる。

そして、いわき市民の中には時として心情的な妬みを通り越して憎悪となり、いわき市役所の入り口には「被災者帰れ！」の落書き、仮設住宅の車の窓ガラスを割ったり、タイヤをパンクさせる事件も多発する。

現在仮設住宅の期限は延長されているが、近い将来、高齢者を含め、住むところを確保出来ていない人に対して、退去の期限も迫ってきている。

県や市の復興住宅も確保できず、行き場のない被災者を、期限が来たから退去してくれなどということになれば、また大騒ぎになるのは目に見えて予測が出来る事であろう。

では、行政はどのような解決策があるのか。

避難者の立場に寄り添うのはいいが、またぞろ延長延長で仮設住宅に住むことになったら、今度はいわき市民が許さないであろう。行政には、原発避難者の立場を守りつつ、いわき市民にも配慮した対策を取っていただくことを、いち市民として切に願う。

「被災者」と「被害者」の違い

今更ではあるが、賠償金の対象となっている原発避難者は被災者。いわき市民も同じ被災者。東日本大震災で被害を受けた人達は総称して「被災者」と呼ばれている。

辞書を引くと、天災は「被災者」で人災・事故は「被害者」となる。天災では賠償金はもらえないので、いわき市民が被災者で原発避難者はむしろ被害者という分類になるのかもしれない。

震災から4年後の2015年3月11日、東京電力の広瀬直己社長は、福島第一原子力発電所の免震重要棟で社員向けの訓示を行った。震災による犠牲者に哀悼の意を示すとともにに、今後の東電のありかたを示す形となった。

この際、広瀬氏は「安全は全てに優先する。我々は加害者だが、被災者の方々に寄り添い、同じ方向を向いて仕事をすることが極めて大事だ」と語っている。自分たちが加害者であるのなら、対になるのは『被害者』であり、『被災者』と表現するのは明らかな言葉の矛盾である。

ただ、原発事故による被災者を被害者と表現してしまうと、事故が起きたから被害者になっただけで、事故前は原発を積極誘致して加害に加担していたニュアンスが露呈してしまう表現となる。

それに「被災者」という響きの方がなんとなく悲壮感が漂っており、賠償金は受け取りやすいし請求もしやすい感はある。ある意味、言葉だけの問題だが、世の中は福島県全体を同じ被災者と見ており、まるで福島県に住んでいるというだけで、全ての人が賠償金をもらって生活してる様に思っている人も実は少なくない。

実際、県外に行くと福島県民というだけで『今回は大変でしたよね。でも変な話し、(賠償金も)結構出たんでしょ?』などと、耳元で囁かれる。これは本当に多い！

車に乗る時も同じだ。「双葉、大熊、富岡」などの原発被災者も車のナンバーは同じ「いわき」ナンバーの為、震災後いわき市民の中にはこれを嫌い、賠償金をもらっている地域は紛らわしいから「双葉ナンバー」「浪江ナンバー」の様に、ご当地ナンバーを付けろと言う声までも上がっている。

「カンベンして欲しいですよね。こっちはお金なんかロクにもらってないのに、原発避難者と同じように見られてしまうんですから。俺たちは違う、お金がないんだって、声を大にして言いたい気分になりますよ」（いわき市の30代男性）

賠償金も出なく、生活再建支援金では足らずに半壊した住宅や津波で無くした家を今だにお金が足らずに修繕や再建築できないでいるいわき市民としては、この「被災者」として、一緒くたの扱いに違和感を感じてしまうのだ。

政府としては、原子力災害に関して日本地図上のどこかには線を引かなくてはならなかった事であろうし、どこで線を引いても「もらえる者」と「もらえない者」は生まれてしまった事であろう。

いわき市ほど騒がれてはいないが、浜通り北部の原発賠償金境界線に、いわき市と同じ問題を抱えている南相馬《みなみそうま》市がある。ここも同じく原発半径30キロという線引きにより、同じ市内で賠償金をもらえる者ともらえない者が分断され、市民がギクシャクしている様である。

「いわき市の様に原発避難者が大量に流れ込んで来た場所ではないですけど、心情的な確執は同じ様な状況ですね。もらった人間はもらってない人間の顔色をうかがい、もらえない人間はもらった人間に嫉妬する。同じ南相馬の人間として、見ていて嫌な気分になることもありますね」（南相馬市の男性）

極端な話その境界線になれば、隣の家はもらえたがうちはもらえなかったなどという事にもなるのだ。今回の賠償金の線引きを、仮にいわき市全域を含めて福島県と茨城県の県境で設定したとしたら、おそらくとなりの北茨城の住民は黙っていないだろう。結局どこで線引きしても同じ現象は避けられないのかもしれない。

原発～20キロ圏内と原発20キロ超～30キロ圏内の賠償金格差

被害者意識が度を越すと、他人と比べて多い少ないでどうしても不満が出てくる様だ。

２０１３年９月７日の東京五輪の誘致のスピーチで安倍首相が、福島第一原発の汚染水問題に対して「アンダー・コントロール」と発言した事があった。福島の放射性物質は水際で食い止めているから安全だと主張したのである。

その後、オリンピックの選手村の完成予想図が発表。これに起因して、東京に避難している被災者や、今だ仮設住宅に住む被災者の中には、東京オリンピックの選手村の「オモテナシ」が被災者の仮設に比べて豪華過ぎると騒いでいる者もいる。

ネットには次のような書き込みが見られた。

〈仮設住宅でいまだ苦しんでいる人も多い状況で、オリンピックの選手村にお金をかけるのはおかしい〉

〈選手村に金をかけるなら、仮設住宅に金をかけるべきだろ〉

オリンピックの選手村は、東京湾を望む、緑豊かな埋め立て地に建てられる高層マンション群である。完成予想図を見る限り、かなりの支出となるのは間違いない。

一方、仮設住宅は2DKの簡素な建物である。二つを比べると大きな差が有ることは確かだが、そもそもなぜオリンピックと被災地を同列に語るのか。双葉町の避難者である男性は次のように語る。

「結局、自分たちにお金を使ってほしいんですよ。オリンピックの選手村が無くなり、それが自分たちに使われることになったら、仮設住宅や復興住宅の予算が増額されるかもしれない。きっとオリンピックなんてどうでもいいと思っているんでしょうね」

そんなものに金を使うのであれば、もっと被災地に金を出せというところであろうか。とにかく自分が一番のオモテナシを受けない事には気がすまない様である。

不満というのは他者との比較から始まり、きりがないものである。賠償金の対象となる原発20キロ超〜30キロ圏内の川内村長と広野町長は、原発〜20キロ圏内との賠償金格差があり整合性が取れないと、自民党に是正も要求している。

一例をあげよう。現在帰還開始している双葉郡の楢葉町では、帰還するのに自宅の建替えや大規模修繕の動きが活発化している為、住宅メーカーやリフォーム業者が楢葉町民に激しく営業をかけている。

先日も楢葉町の仮設住宅へ住宅の週末イベントのポスティングに行き、たまたま住宅から出て来た住民に直接チラシを手渡すと、

「あんたらは避難民の賠償金目当てに商売繁盛みたいだけど、うちらは双葉町や富岡の奴らの様に1億近い金はもらってねーんだからな。うちなんて家族多くたって奴らの半分の

5000万くらいしかもらってねーんだから、そういう状況わきまえて話ししてくれよな」

私は「(それだけお金があれば)十分です」と内心思ったものの、やはりここでは金銭的感覚がちょっとおかしなことになってしまっているのも実感した。

原発～20キロ圏内と20キロ超～30キロ圏内のもらっている者同士の間ですら賠償金が平等でない、あっちの方が多いこっちの方が少ないと小競り合いが発生しているのだから、「もらえる者」と「もらえない者」が共存するここいわき市で被災者間の軋轢が生まれるのは当然の事と言えよう。

東京電力の賠償請求は司法試験並みの超難関

一方、東京電力への賠償金を請求する側も一筋縄では行かない。震災の生活再建支援金と同様に東電の賠償金も、申請しない事にはもらえない。東電から被災者へ送付される、東電賠償請求書類はこれがまた専門用語だらけの書く気も失せる様な気の毒なほど分厚い書類である(150～200ページ程度)。

まるで、被災者の「請求漏れ大作戦」の様な悪意を感じるものであり、高齢者には暗号のようにしか見えない。書類の書き方もかなり厳しく、審査は銀行以上に細かい。醤油のシミが付いていたり印鑑が薄かったり県名が抜けていたら即、差し戻しで、なんと初回の書類の7割は不合格となってる。

年配の人にとっては、まるで司法試験並みの難関で、何度も何度もやり直しをしてやっとの思いで賠償金を手にする事が出来る。震災当時、この書類を提出したという双葉町の男性は次のように言う。

「結局、この書類は本人かどうかを確かめるためのものなんですよ。大金を払うわけだから、きちんと確認しなければならないのはわかるんですけど……住民票や身分証明書もあるんだし、もっと簡単にすることだってできるんじゃないでしょうか」

東電側からすれば、一気に書類が届いて処理するのは困難な為、ある意味やり直しをさせる事で仕事を分散させ時間稼ぎをしている意図も感じられない事はない。前出・双葉町の男性が続ける。

「被災者の中には、お金を払ってでも誰かにやってもらいたいという人もいましたね。本当なら自分でやった方がいいんだろうけど、書類を出せないことには賠償金ももらえませんからね。あんまり長い時間がかかると生活も苦しくなってくる」

需要があれば、なんでも商売にする者が現れるここ被災地では、東電賠償請求の書類作成代行も例外ではなく、ビジネスとしての市場が成り立っているのは、説明するまでもないであろう。ちなみにこの代行業を行うのは152ページにも登場した「賠償金弁護士」で、料金の相場は35000円前後だ。

賠償金を受けられずに倒産したバス会社の悲劇

被災地では賠償基準に「士農工商」の身分制度があるとも言われている。これは、サラリーマンや農家には優遇された補償があり、地元で再建するのに困難な自営業には最低限の補償しか出ないという、被災地に今尚残る問題でもある。

現に2013年にも、原発ADR（原子力損害賠償紛争解決センター）に申立てをしたバス会社が、原発賠償を受け入れられず倒産している。詳細は後述するが、東電から提示された賠償金の支払い条件があまりに労力がかかる為、実現が不可能だったのだ。

原発ADRに和解に対する強制力はない

本題に入る前に原発ADRについて説明しておこう。

このADRとは、国による公的な紛争解決機関で、原子力損害に拘わる紛争の当事者間の合意を後押しする事で、紛争の解決を目指すものである。裁判所のように、東電の賠償金に不服があった人間がADRに訴え出ると、その内容を精査して和解案を出してくれるのだ。

ところが、原発ADRには和解に対する強制力はない為、仮に避難者側に有利な和解案が出たとしても、応じるかどうかは東電次第。要は、話し合いなので双方が納得しなければ、その時点で「不成立」となって終わりなのである。

和解成立件数に関しては、

平成24年12月末……申立件数5063件に対し1204件の和解で全部和解率23・7％
平成25年12月末……申立件数9096件に対し5090件の和解で全部和解率55・9％
平成26年11月末……申立件数1万3979件に対し9240件の和解で全部和解率66％

と、和解率は年々アップはしているがこの「全部和解」という言葉の意味は、一般の民事訴訟の全部認容とは少々意味合いは違い、必ずしも被災者の要求が全て満たされた事ではなさそうである。

申請件数も膨大である為、申請書類の確認も簡単にはいかないのかもしれないが、和解処理までに相当な時間がかかる事と東電が和解拒否をすれば、また更に時間を要する事となる。

従って、申立側もある程度お互いの妥協点を見つけて和解に応じない事にはいつ迄立っても先は見えず、自然と和解率が高まることになるのだ。特に経済的に切羽詰まる被災者の場合などは、和解までに時間がかかればかかる程、厳しい状況に追い詰められる事となるであろう。

理由書が作成できたのは16社中1社だけ

では本題に入ろう。このバス会社は東北地方を重点エリアとして営業していた会社で、以前は年間4億〜5億円の売上げがあったが、原発事故により旅行会社のツアーやゴルフ大会の送迎、小中学校の遠足、老人会の旅行と次々とキャンセルが入った。

その後、このバス会社は経営難に陥りバスのリース料も払えなくなり倒産。倒産したのは東京多摩地区のバス会社で、本来なら原発から30キロ圏内に会社の登記がないため、東電の賠償金の対象にならないところを、東京からその30キロエリアにお客を送迎していたことにより、賠償請求が可能となった。これが倒産前のことである。

ところが、原発の賠償というのは、福島県など賠償対象10県であれば震災後の決算書だけで簡単に賠償請求出来るのに比べ、対象外の都道府県の場合はそれなりの理由書（業績不振の理由を書類にすること）が必要となる。

東電側は、証拠を見せろというところであろう。ただ、この理由書というのが、数万件あるキャンセル顧客から全ての理由を聞き取りして記録を残さなくてはならないというもので、とてもじゃないが現実的とは思えない途方に暮れるような作業だ。

実際にこの書類を提出する事が出来たのは、バス会社16社中1社のみとの事である。残る15社のうちの1社だったこの会社は、結局、理由書が作成できず、ＡＤＲに和解案を求めているうちに、資金がショートして倒産してしまった。倒産の原因には、ＡＤＲの対応の遅さにも問題はある様に思われる。

当然、申立て中にもバス会社の業務は行われているし、経費も支払いも発生している為、あまりにも時間がかかりすぎると会社の体力ももたず、時間に殺されてしまうのである。東電がこの事に味をしめて、むやみに時間を稼ぎ更なる倒産の連鎖が起こらない事を祈るばかりだ。

★

被災地を拠点に仕事をしていても、会社の所在が被災地から遠方であるという事で、明らかに今回の原発事故が原因にもかかわらず、補償の対象外となってしまう。

東北地方にツアーを行うのだから、当然営業拠点は被災地にあるはずもなく、まるで実態に合っていない判断を下されてしまうのは不思議でならない。

(マイク

除く
UCC

被災者の本音

あとがきに代えて

住宅を買いに来るお客様でも、新しい土地に家を建てるとき、近所の人に原発避難者である事を隠したがる人は多い。やはり、周りの人間に補償金で住宅を買ったと思われるのが嫌なのだ。

建築中に大工や職人が、近所の人にポロっと「原発で避難して来た人が住む」などという事をうっかり漏らしてしまうものなら、これまた大変なクレームとなる。

中には神経質な人もいて、賠償金で買った新車のレクサスとハリアーを、自宅とは別の場所に駐車場を借りて、自宅にはポンコツの軽自動車を置いてカモフラージュしたり、高価な物を買い物する時には、わざわざ市外や県外に行く人もいる。自分の金を使うのに、そこまで周りの目を気にして生活するのも気の毒な話ではある。

原発避難者でもあり、私の身内でもある義母家族の話で恐縮ではあるが、私の妻の実家は双葉町の被災者で、現在母親は福島県白河市の仮設住宅で一人暮らし。息子夫婦は栃木県に3階建ての戸建ての貸家を借りて別々に暮らしている。

お恥ずかしい話だが、震災から8年経った今でも皆、仕事をしていない。仕事をしない理由は、これもまた実は賠償金にあるのだ。

「就労不能損害補償」である。就労不能損害補償とは、原発事故が無ければ入ってきたはずの収入と、原発事故後に得た収入の差額を支払う補償である。

つまり、仕事をしなければ事故前の収入が丸々入ってくる。しかし新たに仕事を始めればその分が差し引かれ、結局、仕事してもしなくても同じなのだ。

さらに期間内であれば、失業手当は別にもらえる訳だからむしろ、仕事などしない方がいい。言うまでもなく、本来この補償の意図は原発事故によって仕事を失い、仕事をしたくても新たな仕事に就けない人の為のものであるが、仕事をしなければお金がもらえるという、結果的にこれを逆手に取った被災者も生み出してしまう。

　避難指示区域に残してきた賠償金の対象となる土地・建物も未相続のままだった為、東電賠償を機会に親心で息子名義にし、不動産の賠償金は全て息子夫婦に支払われる様に配慮した。

　しかし、賠償金生活というボーナスタイムに突入したものの、外出はパチンコ屋に行くくらいで、嫁は朝から晩まで家にこもり、ネットゲームをしながら、家族で精神安定剤を飲んで生活しているのだから決して幸せな生活とはいえない。

　ネトゲ廃人ならぬ労働廃人と言ったところであろう。仕事をしていないのだから収入は無く、いつ迄もらえるか分からない賠償金を食いつぶして生活している。

　親戚とはいえ、金の使い道まで口を出すことはできないが、まとまったお金があるうちに生活の基盤となる住宅を確保しておいた方がよろしいのではなかろうか。それとも、金を使い切った時はその時で東京電力におかわりを要求する秘策でもあるものなのか……本人は既に50歳という年齢。仮にあと10年賠償金で食い繋いだとしても、10年後は60歳。再就職するには少々厳しい年齢かもしれない。

ただこういう生活はこういう生活で、かなりのストレスにもなるようである。労働廃人となった子供は母親を引き取って面倒を見る余裕などはない。

大抵、親の面倒を見るという事は、親からの多少のお金の援助を期待してという事があると思うが、息子夫婦も特に金に困っているわけでもなく出来る事なら、特に嫁様としては年寄りの面倒など見たくないものである。

誰一人仕事をしていないのだから、同居などしたらそれこそ朝から晩までみんなで顔を付き合わせて家の中に居る事になってしまう。

震災前まで同居していた子供達は仕事もせず、金には不自由していないが仕事もしていない今は、面倒を見る気持ちの余裕も無い息子夫婦。

見放されたと落胆する母親としては、もう金しか当てになるものはないと金にますます執着し、親子の溝を深くして行くという、まさしく絵に描いたような被災者の失敗例である。

これに対し、浪江町に住んでいた義母の妹にあたる叔母家族は、賠償金をしっかりもらい震災後も皆、すぐに仕事を探し賠償金で贅沢もしないで、最終的に仙台に３００坪の土地を購入して自宅を新築し、その隣にはアパートも1棟建築して家賃収入も見込める生活基盤を築いた。7人家族なので賠償金の金額も多かったのかもしれないが、同じ被災者でも賠償金の使い方で将来が大きく違ってくるようだ。

ある住宅購入を進めているお客が打ち合わせ中にボソリと本音を呟いた。

「住むところを失い、故郷を失った事は耐え難い苦痛であるが、事故前は原発により故郷には雇用が生まれ、多くの人が関連企業で働くことができた。原発事故は悲劇でしたが、事故後はまた東電による手厚い賠償金により、むしろ以前よりも生活レベルは上がった。なんだかんだ言っても東電様様ですよ……」と。

震災から8年、いまだ被災者同士のいがみ合いは続いている。いわき市内の住宅建築ラッシュはそろそろ落ち着きを取り戻して来るとは思うが、これからは避難区域が解除となる地域に、帰還する準備が着々と進められており、解体で発生する廃材などで線量の高いものは引き取りを拒まれ、現場に見通しの立たないまま廃材が敷地に取り残されるなど、問題はまだまだ山積みである。

仮設住宅のある事務局に確認したところ、平成27年春以降に帰還を開始した福島県の楢葉町では、当時の段階で新築の予定棟数４００棟、修繕やリフォームで１６００棟が予定されているのだから、福島県で考えればまだまだこの建築ラッシュは終わらない様である。ただ、この震災バブルも永遠ではなく建築ラッシュもいつかは終わりを迎える事だろう。

原発から30キロ圏内の被災者が賠償金をもらっている事自体が問題なのではない。むしろ、当然の権利であり、問題なのは賠償金を手に入れた者と手に入れ損なった者との、ちょうど境界線の「いわき市」に原発避難が集中した事により、被災者格差がクローズアップされてしまった事。

また、双方に復興と再建と言う共通の目標があるにもかかわらず「金」を持つ者が、生活再建の基盤となる土地・建物そして、建築工期までもが優遇されてしまっている現実。しかし、その背景には節操無く家賃を値上げする賃貸オーナー、ここぞとばかりに土地の値上げをする地主や不動産業者など、その金を優遇する住宅事情をもたらした、いわき市民にも責任はある。

いわき市民も原発避難者も同じ被災者でありながら、原発避難者の影響で住宅を手に入れることが出来なくなった者もいれば、その金で潤っている人間もいる。

原発避難者でも、金にものを言わせていわき市民を刺激する己の貪欲の犠牲者もいるが、どちらかと言うとひっそりと控えめに生活してる人の方が割合的には多いはずだ。本来は、政府や東京電力に向けられるはずの不満の矛先が、目の前の原発避難者に向けられる。


ここではいわき市民と原発避難者のどちらが良い悪いと言う事ではなく、震災による原発事故によってたまたまその境界線となった「いわき市」で起こっている被災地の一つの現実である事を知って欲しいと考え、筆を執った。

被災地の金の争いなどは、あまり聞きたくも語りたくもないものではあるが、現実から目を背けて本当の復興はありえない。

おそらく、15年もすれば原発避難者も完全にいわき市民と同化し、全ては時間が解決してくれる事であろう。ただ、今回の原発事故による賠償金や除染費用は莫大な金額が発生しており、２０１１年、原子力損害賠償機構を設置し賠償・除染の費用として、政府が東電に資金援助する金額を5兆円と試算して進めてきたが、賠償や除染・廃炉など原発事故の損害金が当初の見積り以上に膨れ上がり、総額10兆円を超える勢いである。

最悪、国民が電気料金のさらなる値上げと税金で東電の賠償を支払うというシナリオにもなりかねないだろう。政府の、東電を「つぶさず支援」により、国民の皆様には、「食べて応援」の次には「払って応援」してもらう事になりそうだ（いや、すでにそうなっているか）。

東日本大震災発生時の、水も食料も途絶えた一週間、一杯の水にどれほど感謝したものか。一つのおにぎりにどれだけ至福を満たされた事か……幸せというのは高価な物を腹一杯食することではなく、空腹を満たすこの一瞬に感じる事の出来る感覚なのだろう。

感謝の気持ちを忘れると、人はしてもらっている事に要求をする様になる。原発事故もその原因は人間の貪欲さが引き起こしたものであり、震災後被災者間のお金をめぐる確執もその根源は人間の欲である。

そしてその欲を阻害するものを人は敵対視する。欲というものは、生き抜く力でもあり前向きに生きる気力を支えてくれるものでもあるが、時として品性のないエゴとなる場合もある。

震災直後の被災地の混乱の中、ＡＴＭ窃盗や空き巣、大型家電量販店の窃盗、津波の被災地に置き去りになっている車からガソリンの窃盗などの火事場泥棒の被害総額は7億円超と言われている。

「日本人はそんな事はしない、それは震災のどさくさに紛れて被災地に来ていたアジア系の外国人窃盗集団の仕業だ」などと言う人もいるが、残念ながら全部が全部そうではない。普段、犯罪とは縁の無い普通の日本人が切羽詰まって普通に犯罪に手を染めてしまっていたのも事実である。

食料の無い時、避難所では大の大人が一個のおにぎりを奪い合い殴り合いの喧嘩も起こる。震災当日は、津波から車で逃げる時に走って逃げる人を跳ねて逃げる車も目撃されている。究極のパニックとはそういうものである。

幸福というものが、富の所有と結び付けられている限り、人々の争いは尽きることがないであろう。

２０１９年2月　筆者記す

震災バブルの怪物たち

2019年2月18日　第1刷発行

著者　屋敷康蔵
発行人　稲村　貴
編集人　平林和史
発行所　株式会社　鉄人社
〒102-0074 東京都千代田区九段南3-4-5
フタバ九段ビル4F
TEL 03-5214-5971　FAX 03-5214-5972
http://tetsujinsya.co.jp/

デザイン　鈴木　恵（細工場）
印刷・製本　株式会社シナノ

ISBN978-4-86537-155-0　C0095